CW01510645

LE REVERS DE LA MÉDAILLE

Arcadi Gaydamak

avec la collaboration de Frédéric Ploquin

Le revers de la médaille

Mémoires

Fayard

ISBN : 978-2-213-65479-9

PROLOGUE

Je suis né le 8 avril 1952, à Moscou, à l'époque capitale de l'URSS. Des juges français soupçonneux ont feint de me prêter plusieurs dates de naissance, probablement parce qu'ils avaient besoin de ce mystère pour noircir le portrait qu'ils ont dressé de moi. Dans la même veine, ils m'ont appelé Arcadi Gaydamak, alias Arkadi Gaydamak, alias Arcadi Gaydamack. Et ce brouillard artificiel créé autour de mon état-civil achève de camper un personnage assez caricatural, l'archétype de l'« abominable ». Celui qui corrompt et soudoie. Celui qui sème le mal autour de lui. Celui qui triche quand l'envie lui en prend. Celui qui croule sous l'argent sale. Bref, un grand criminel agissait forcément en bande organisée, et qu'il convient d'envoyer au plus vite sous les verrous !

Je m'appelle Arcadi Gaydamak. En langue turque, « Gaydamak » signifie « guerrier », « combattant ».

Lorsque je m'installerai en Israël, au détour des années 2000, je prolongerai à ma manière ce nom en choisissant (comme le veut la coutume) une identité hébraïque qui lui fasse écho : Aryé Barlev (traduisez le « courageux »).

Depuis le 6 décembre 2000, je fais l'objet d'un mandat d'arrêt international lancé par la France, un des pays que je considère comme le mien pour y avoir passé près de trente ans de ma vie et y avoir vu grandir mes trois enfants. J'ai eu tort de ne pas me présenter devant le tribunal de grande instance de Paris, le 6 octobre 2008, pour répondre des lourdes accusations portées contre moi – abus de bien social, fraude fiscale, commerce en gros de matériel de guerre sans autorisation préalable, trafic d'influence et blanchiment. Oui, d'un point de vue moral et légal, j'ai eu tort de ne pas comparaître.

M'expliquer devant la justice française, je ne souhaite pourtant que cela. Ma vie familiale et professionnelle ont été complètement bouleversées par cette affaire à laquelle la presse a donné un large écho sous le nom d'« Angolagate ». C'était cependant mon droit de citoyen de demander à bénéficier d'une justice impartiale. Or, lorsque le procès a débuté à Paris, à l'automne 2008, je n'avais aucune garantie à cet égard, raison pour laquelle j'ai préféré me tenir à distance.

C'est pour raconter l'envers du décor, le côté pile de la vie et des affaires – celui que l'on occulte volontairement – que j'ai souhaité ce livre. Pour que l'on sache qui je suis au-delà de l'image grossière et simpliste que l'on a donnée de moi dans les palais, les services secrets et les journaux.

Côté face, je suis un dangereux hors-la-loi, une sorte de bandit de grand chemin version *off-shore*. La preuve : on me blâme pour de prétendues activités illégales, accusations dont on verra que je les conteste formellement, affirmant même être toujours resté à l'écart de ce qui était criminel et illégal.

De nationalité française, canadienne, israélienne et angolaise, j'ai été déchu de ma nationalité soviétique lorsque j'ai quitté l'Union soviétique, à l'âge de 20 ans. Si j'étais resté à Moscou, j'aurais très probablement fini dans l'un de ces camps de travail où l'on expédiait, au fin fond de l'Union soviétique, les éléments un peu « récalcitrants ». Moi qui n'avais jamais ma langue dans la poche, j'avais le bon profil pour subir cet exil intérieur, forcé. C'est le destin que mon pays m'avait réservé. Au lieu de cela, je me suis retrouvé à Paris, où j'ai vécu près de trente années avant d'être propulsé au cœur d'une gigantesque affaire judiciaire française. Étrange et invraisemblable bifurcation !

J'ai élevé trois enfants qui parlent russe, français et anglais. Ils ont grandi à Paris, où ils ont fréquenté les bonnes écoles, la meilleure façon, selon moi, pour s'introduire dans la « bonne » société quand on arrive de nulle part. Je suis français, ni plus ni moins que les autres Français, parce que c'est le pays où j'ai vécu le plus clair de ma vie d'adulte.

Ayant dû plier bagages à plusieurs reprises par la force des choses, je suis revenu à mon point de départ. Je vis aujourd'hui à Moscou, dans une maison depuis laquelle j'aperçois les toits et les tourelles du Kremlin. Je suis président du Congrès des organisations et des communautés juives de Russie et probablement l'un des plus connus dans la communauté. En Israël, où j'ai vécu près de huit ans, je suis même célèbre dans les milieux populaires, et pas uniquement parmi les russophones et arabes, qui forment aujourd'hui un tiers de la population du pays. Une popularité en partie attribuable au fait que je suis le propriétaire de l'hôpital qui soigne la plupart des religieux juifs et musulmans à Jérusalem, et de l'équipe de foot vedette du pays, deux fois de suite championne du pays, le Betar Jérusalem, mais également à bien d'autres actions que vous découvrirez dans ces pages.

* * *

Je pratique les arts martiaux tous les jours, et ce depuis des années, ayant un faible pour les cultures japonaise et chinoise. Ce n'est pas seulement nécessaire à mon équilibre physique : cela relève davantage encore de l'art de vivre.

J'aime les belles choses, en particulier les meubles. J'apprécie particulièrement le mobilier italien du

XVIIIe siècle et le mobilier ancien chinois, japonais et tibétain, mais j'ai un faible pour la période Empire, une époque explosive où l'on savait vivre.

J'aurais pu devenir un homme de l'ombre, un de ces personnages pour lesquels il n'y a pas d'autres règles que l'adaptation permanente aux circonstances. Mais cette voie ne m'a pas tenté, car l'espion, derrière ses aspects attrayants, n'est en fait bien souvent qu'un simple fonctionnaire avide de galons. J'ai endossé le costume de l'homme d'affaires.

Je vous parlerai aussi de mes médailles. Je suis trop jeune pour avoir pu guigner les médailles militaires ou celle – particulièrement honorifique en France – de compagnon de la Libération. En revanche, j'ai été gratifié d'un certain nombre de décorations dans plusieurs pays, mais les seules qui soient contestées sont celles que j'ai eu l'honneur de recevoir en France.

Une médaille signe la reconnaissance de celui qui vous la remet. Toutes ne sont peut-être pas justifiées. Certaines même, avec leur apparence clinquante, ne correspondent à aucune réalité et confèrent à leur récipiendaire une honorabilité sans objet. Tel n'est pas mon cas, comme je tenterai de le démontrer ici.

* * *

Dans un contexte où la presse doit vendre absolument pour satisfaire les annonceurs publicitaires, il faut offrir au public ce qu'il réclame, à commencer par du fait divers et des histoires de mœurs.

L'affaire de l'« Angolagate » est tombée à pic pour nourrir les journaux en mal de feuilleton : c'est devenu un sujet de choix, avec des millions d'articles imprimés ou mis en ligne en plusieurs langues. Un feuilleton dont je suis devenu le héros.

C'est ainsi que l'on a fait de moi un « diable utile » que l'on peut convoquer à plaisir pour calmer le peuple en lui donnant un « riche » en pâture, et à l'occasion pour polluer l'image de tel ou tel homme politique encombrant. Je suis le voyou russe, l'agent du KGB, l'ami du pouvoir. Je suis promusulman un jour, parce que je finance un club de foot palestinien et des hôpitaux arabes, prorusse le lendemain, à cause de mes accointances connues avec les responsables de ce pays, antirusse le surlendemain, parce que juif et français. Malléable à merci, je suis devenu l'incarnation polyvalente du mal, celui qui canalise les mauvais sentiments d'une population mécontente de son sort. Le « milliardaire » qu'on ne jalouse même pas !

Je reproche aux journalistes de présenter les faits et de les analyser en fonction de la perception qu'ils en ont. Dans l'affaire qui m'a valu d'être mis en examen, jugé et condamné, par contumace, par un tribunal français, ils ont été conduits à traiter de faits qui s'étaient produits vingt ans auparavant en Angola et en Russie. Comment, dans ces conditions, auraient-ils pu démêler le vrai du faux ? Je ne blâme pas les journalistes, mais certains d'entre eux ont quelquefois tendance à oublier qu'ils n'écrivent pas pour eux-mêmes ou pour leur grand-mère et qu'un banquier peut à tout moment décider, après la lecture de leur article et malgré l'absence de tout document probant, d'interrompre brutalement toute relation. Il leur arrive également de n'écouter qu'un son de cloche, en l'occurrence celui d'un magistrat qui voulait voir ma tête rouler dans la sciure. Protégé par les plus hautes instances politiques, il devait se sentir invulnérable.

* * *

Quand je vois à Moscou les enseignes des grandes banques, des grosses sociétés, je me dis que j'ai été à l'origine de bien des choses dans ce pays en pleine rénovation. J'avais 35 ans quand l'URSS a explosé. Je travaillais dans le secteur de l'agroalimentaire, je possédais une société de Bourse et des biens immobiliers à Moscou, j'ai lancé la première chaîne de supermarchés.

J'ai toujours pensé qu'il n'y avait pas de liberté sans cette indépendance financière à laquelle j'ai consacré une partie de ma vie. Je me suis hissé progressivement dans le petit cercle des gens très aisés, une situation exceptionnelle que je ne dois pas à ma naissance, mais aux circonstances. Beaucoup de gens ont profité de ma sincérité, certains diront de ma naïveté. J'aurais probablement dû être plus strict, plus distant et aussi plus exigeant avec les autres, mais on n'échappe pas à son caractère.

J'aurais, bien sûr, préféré rester anonyme, mais avec cette condamnation sur les épaules, je ne peux plus travailler et vivre normalement. Vingt ans après la chute du communisme, de retour à Moscou, je suis hanté par un singulier sentiment de relégation. Tout cela à cause d'un juge d'instruction français qui voulait être considéré comme un chevalier blanc. Charles Pasqua et Jean-Christophe Mitterrand sont ses belles prises, et je suis bien placé pour savoir que ces deux hommes, ancien ministre de l'Intérieur et fils d'un président de la République aujourd'hui disparu, n'auraient jamais eu le moindre ennui dans cette affaire si je n'avais pas mis toute mon énergie et tous mes réseaux en marche pour obtenir, un jour, la libération de soldats français retenus pour certains en Bosnie, pour d'autres dans le Caucase.

Aujourd'hui, je ne souhaite rien d'autre que revenir en France afin d'y régulariser ma situation. J'aime ce pays. Je suis prêt à passer par la case « prison », non que je me sente le moins du monde coupable, mais un prisonnier dispose de plus de droits que je n'en ai dans ma situation actuelle ! À la veille d'un nouveau procès, cette fois devant la cour d'appel, je compte enfin démontrer que je ne mérite pas la peine qui pèse sur moi, et que cette affaire qui me cloue à Moscou a en fait été montée de toutes pièces.

Chapitre premier

Otages, mérite et KGB

*Deux pilotes français aux mains
des Serbes de Bosnie*

Dans la classe politique française, la seule personne que j'ai véritablement connue s'appelle Charles Pasqua. Je l'ai d'abord rencontré alors que j'assistais, lors de leur passage à Paris, un certain nombre de responsables soviétiques. J'étais à la fois leur traducteur et leur guide, notamment lorsqu'ils devaient s'entretenir avec des chefs d'entreprise ou des élus de la République française. Je connaissais Paris pour y vivre et y travailler depuis près de vingt ans et rares étaient les personnalités officielles issues de l'Union soviétique qui ne faisaient pas appel à moi lorsqu'elles faisaient escale dans la capitale.

Le Président et le Premier ministre du Kazakhstan, une république désormais autonome, étaient parmi les visiteurs réguliers en cette fin des années 80, un an tout juste avant l'éclatement de l'URSS. Et le passage par le bureau du chef charismatique du département des Hauts-de-Seine, Charles Pasqua, par ailleurs homme de conviction de la droite française, était une étape pour qui cherchait à nouer des contacts et des relations politiques à l'Ouest.

En France on le considère comme l'incarnation d'un pouvoir répressif, mais j'ai toujours eu beaucoup de respect pour Charles Pasqua. C'est pour moi un vrai serviteur de l'État, l'un des rares encore en vie à avoir participé à la Résistance. C'est en outre un patriote qui a toujours travaillé pour son pays, sans jamais privilégier ses propres intérêts – je ne parle pas de la compétition politique, dans le cadre de laquelle il a certainement utilisé toutes les méthodes possibles, mais sur le plan personnel, il était désintéressé. C'est aussi un homme d'expérience et de raison.

Je me retrouve dans son bureau à quelques reprises, notamment avec le ministre du Commerce extérieur du Kazakhstan, un très bon ami, et il m'arrive à l'occasion de bavarder directement avec lui, en marge de mon travail de traducteur. En ce temps-là, je ne suis plus l'immigré russe vivant de petits boulots sur les chantiers, que j'ai été à mon arrivée sur le territoire français, au début des années 70. Je suis un entrepreneur très actif et très à l'aise sur le plan financier, disposant de mes propres entrées dans différentes entreprises. Je fréquente également l'un des collaborateurs de Charles Pasqua, Jean-Charles Marchiani, que m'a présenté l'homme d'affaires français Pierre Falcone.

C'est dans ces circonstances que survient l'affaire des pilotes français, en 1995. Comme tout le monde, je suis un observateur attentif de l'entrée des forces atlantiques de l'OTAN sur le territoire de ce qui fut la Yougoslavie. Je ne comprends pas très clairement les raisons de cette intrusion, à moins de considérer que les Occidentaux entendent en vérité mettre un terme à la domination des Serbes, de notoriété publique alliés historiques des Russes. C'est probablement l'intention inavouée des Américains, qui après avoir été déclarés vainqueurs de la guerre froide par abandon de l'adversaire soviétique rêvent de tailler en pièces l'influence séculaire de Moscou dans cette partie de l'Europe.

Que fait la France dans cette guerre, elle qui a toujours entretenu avec la Serbie de puissants liens d'amitié ? À l'instigation de Jacques Chirac, président de la République, elle se bat clairement auprès des musulmans bosniaques contre ses anciens amis serbes chrétiens. Elle soutient surtout les Américains, soucieux de contrôler les Balkans, même au prix d'une alliance avec les islamistes – ils en ont l'habitude, eux qui ont misé déjà sur les musulmans les plus radicaux en Afghanistan, au temps où il fallait contrer les Soviétiques. Elle est à leurs côtés parce qu'elle n'a pas le choix, et parce que être contre les Américains, c'est, comme chacun sait, être « contre la démocratie et la liberté »...

Peu avant la fin de l'été, le 30 août 1995, premier jour de l'opération « Deliberate Force », un raid aérien est organisé pour bombarder les environs de Pale, une enclave serbe (et chrétienne) en territoire bosniaque (et musulman). La cible du jour, ce sont des villages et des paysans. Rien à voir avec un quelconque objectif militaire, même si ces villages peuvent servir de relais à la petite armée serbe qui occupe le terrain, et dont les chefs, considérés comme des hors-la-loi, sont activement recherchés par les troupes occidentales.

Subitement, un Mirage 2000 pique du nez. Erreur de pilotage ? Tir ennemi en provenance d'un groupe radical serbe ? La seule certitude, c'est que les paysans du coin ne disposent guère de matériel lourd, de type missile, mais juste d'armes assez primaires, pour ne pas dire inoffensives. Sur le petit film tourné par l'avion de chasse qui suivait de près l'avion abattu, on voit les deux pilotes français parvenir à s'éjecter et à ouvrir leurs parachutes avant la destruction de leur appareil.

La couverture médiatique accordée à l'événement est exceptionnelle, du moins en France. On apprend d'abord que les deux militaires, le capitaine Frédéric Chiffot et le lieutenant José Souvignet, son navigateur, ont été faits prisonniers par des villageois. Au bout de quelques jours, toutes les radios expliquent en boucle qu'ils ont été maltraités, battus et très certainement sauvagement assassinés. Sur la seule foi des informations transmises par les militaires, et en particulier ceux de la DGSE, le service de renseignement français.

Cherche-t-on à installer dans la tête des Français l'idée que l'engagement de leur armée dans cette guerre est justifié ? C'est ainsi que je décrypte cette campagne de matraquage, comme si le pouvoir en place à Paris avait besoin de justifier le fait d'avoir lâché les alliés serbes.

Pour un peu, ce pouvoir en viendrait presque à souhaiter la mort des deux pilotes, probablement la meilleure façon d'accréditer définitivement l'idée que les Serbes sont de vrais « salopards » qui n'ont que ce qu'ils méritent.

L'insistance avec laquelle le grand service de renseignement français, la DGSE, annonce le décès des deux militaires est à mes yeux plus que troublante, mais elle a sa logique pour qui s'y connaît en manipulation de l'opinion – longtemps une spécialité de l'URSS.

Charles Pasqua, je le découvre lorsqu'il m'invite à lui rendre visite dans son bureau de la préfecture des Hauts-de-Seine, par l'entremise de son conseiller Jean-Charles Marchiani, n'est pas vraiment sur cette ligne. D'abord, il ne cache pas sa sympathie pour les Serbes, malgré l'hostilité affichée à leur égard par les officiels français, mais surtout, l'ex-ministre de l'Intérieur m'affirme douter des informations diffusées par la DGSE, selon lesquelles les pilotes seraient morts. « Je pense qu'il y a une manipulation derrière cette histoire de pilotes, me dit-il après nous avoir servi un verre. Je pense même que cette manipulation va contre les intérêts de la France. Les Russes sont bien placés pour connaître la vérité. Si vous êtes en mesure de le faire, aidez-nous ! » C'est pour moi une occasion de rendre service à la France, ce pays qui m'a accueilli. Le moment est venu de me montrer inventif et de faire jouer mon carnet d'adresses.

À cette époque, un homme d'affaires russe de ma catégorie peut sans trop de mal entrer en contact avec les plus hauts fonctionnaires du FSB, le Service fédéral de sécurité, nouvelle appellation du KGB. Par le biais de son chef de cabinet, Alexandre Osadchy, un général deux étoiles que je fréquente dans les affaires, j'obtiens un rendez-vous avec le numéro un des services secrets russes, le général Michael Ivanovitch Barsukov. Pour plus de sécurité, j'ai également pris soin de me recommander d'un homme politique en vue, Andreï Vavilov, alors secrétaire d'État au Budget, en clair, l'homme qui tient les cordons de la bourse et supervise le glissement progressif du pays vers l'économie de marché…

Mission à Belgrade

Novembre 1995. Sur le chemin de Moscou, en lisant la presse, je prends connaissance d'une histoire qui retient toute mon attention. L'article raconte les malheurs des familles de plusieurs agents de renseignement russes disparus en Yougoslavie quelques années auparavant, alors qu'ils effectuaient une mission secrète sous couvert de journalisme. Un colonel, ayant lui aussi la double casquette de membre du KGB et de journaliste, en poste depuis vingt-cinq ans du côté de Belgrade, capitale de la Yougoslavie, avait fini par ramener les preuves formelles de leur mort, permettant enfin aux familles d'être financièrement dédommagées par l'État... Je note son nom dans un coin de ma tête : colonel Koulitch.

Le siège du FSB est situé au centre de Moscou, place Dzerjinski, dans un impressionnant immeuble d'une quinzaine d'étages qui avait servi de quartier général au KGB. Un bon mot en Russie : ce bâtiment est sans conteste le plus haut du monde, parce que depuis le rez-de-chaussée, on voit déjà la Sibérie, pourtant située à plusieurs fuseaux horaires...

Arrivé dans le bureau du chef, le général Barsukov, a oublié toute envie de plaisanter, j'avance alors assez rapidement mon argument le plus charpenté :

« Assister la France dans sa recherche des pilotes serait un geste d'une importance politique capitale pour la Russie. En cas de succès, nous serions assurés de sauvegarder les relations entre Paris et nos frères serbes, aujourd'hui mises à mal.

– D'accord, me répond le général, je vous entends. Mais je ne ferai rien sans avoir reçu un ordre direct de Boris Eltsine et sans avoir la certitude de disposer d'un budget spécial pour couvrir les frais liés à cette opération.

– Rassurez-vous, lui dis-je, je prends tous les frais à ma charge et je me fais fort d'obtenir le feu vert du président Eltsine. »

Pour vérifier que je suis effectivement mandaté par la France, un représentant de l'ambassade de Russie à Paris, par ailleurs officier du KGB, se rend à l'Élysée. Il y rencontre le secrétaire général en fonction auprès de Jacques Chirac, Dominique de Villepin, qui lui confirme le sens de la mission qui m'a été confiée : tout faire pour ramener des informations sur les pilotes – Charles Pasqua est à l'époque en relation constante avec le président de la République française, qu'il a évidemment informé de cette mission de la dernière chance.

Le feu vert de Boris Eltsine ne tarde pas à tomber. Pour le président russe, les choses sont claires : la Russie n'a strictement aucun intérêt à voir ses alliés serbes passer pour des sauvages aux yeux de l'opinion occidentale.

Deux mois se sont écoulés depuis la capture des pilotes et il est temps d'affréter un avion. Je m'envole à nouveau pour Moscou, cette fois en compagnie du préfet Jean-Charles Marchiani, émissaire attitré de Charles Pasqua pour les missions délicates et secrètes. Le premier échelon franchi, nous obtenons un rendez-vous avec Ievguéni Primakov, patron des renseignements extérieurs de la Fédération de Russie et futur Premier ministre.

Ses consignes et ses recommandations sont indispensables au bon déroulement de l'opération spéciale qui commence... dès le lendemain.

L'homme qui nous accueille à Belgrade, Jean-Charles Marchiani et moi-même, n'est autre que le colonel qui a permis l'indemnisation des familles des agents russes disparus quelques années plus tôt en pleine mission « journalistique » : Vladimir Efimovitch Koulitch. Membre des services de renseignement, ancien correspondant du quotidien russe *Isveztia* (Les Nouvelles) à Belgrade, ce quasi-retraité a un immense avantage : aux temps « radieux » du KGB, il était l'officier traitant de Radovan Karadzic, désormais puissant leader politique des Serbes de Bosnie. Loin de toute idéologie, Koulitch est un pur flic, et j'ai beaucoup insisté auprès de mes interlocuteurs moscovites pour qu'il reçoive l'ordre de coopérer pleinement avec moi. Le colonel Valentin Odintsev, chef d'antenne du SVR (les services de renseignement extérieurs) à l'ambassade de Russie et camarade de l'élégant Koulitch, se joint à nous.

La mission ne se présente pas forcément sous les meilleurs auspices, dans la mesure où la région où seraient retenus en otages les pilotes, s'ils sont vivants, échappe totalement au contrôle de Belgrade. Les Serbes de Bosnie considèrent qu'ils ont été abandonnés en rase campagne et refusent ostensiblement tous les diktats en provenance de Belgrade. Deux hommes tiennent la zone : Radovan

Karadzic, le politique, qui entretenait des relations avec le colonel Koulitch, et Ratko Mladic, le militaire. Les pilotes seraient cependant aux mains de paysans totalement indépendants...

Je ne le sais pas encore, mais avant que nous entamions cette expédition pour le compte de la France, la DST (le contre-espionnage français) a effectué une première démarche pour tenter d'obtenir des informations sur ces mêmes pilotes. Raymond Nart, directeur adjoint de la DST et spécialiste du bloc soviétique, a mobilisé un militaire français connu pour ses amitiés proserbes, le général Gallois – longtemps, les relations de la France avec la Serbie ont été excellentes. Peut-être ses informations dataient-elles un peu, mais dans ces cas-là, toutes les pistes méritent d'être exploitées.

Selon le compte rendu très honnête et très complet que ce général a effectué à l'issue de son pénible déplacement en Serbie, le voyage a été fertile en rebondissements. Il aurait pris un avion pour Francfort, où il aurait attendu pendant des heures une connexion pour Belgrade. Dans la capitale serbe, il aurait été accueilli par un ancien élève de l'École militaire de Saint-Cyr. Alors qu'ils crapahutaient sur les routes, l'une des voitures du convoi aurait été victime d'un accident. Le dîner que lui a offert en guise de réconfort son homologue serbe était composé d'une viande mal cuite, quant au vin servi à table, c'était une vraie piquette...

Il ne s'est approché ni de près, ni de loin des pilotes, mais on sait tout des mauvaises conditions de voyage de cet homme de près de 85 ans.

Le général Gallois a cependant eu une conversation importante avec le général Ratko Mladic, chef de la petite armée serbe de Bosnie. Mladic s'était montré franchement désolé, mais la position de la France l'avait déçu, sans compter les morts que les bombardements avaient causés dans sa propre famille, alors on ne devait guère compter sur lui pour intervenir ! De surcroît, il faisait un froid de canard, a encore expliqué le courageux militaire à la retraite à Raymond Nart. Pour ménager sa santé, le directeur adjoint de la DST a alors décidé de mettre un terme à sa mission, non sans le remercier d'avoir fourni une sorte de mode d'emploi destiné à faciliter la suite des événements – il a juste regretté que le général ait cru utile de remettre son rapport entre les mains d'un ancien directeur de la DST, Yves Bonnet, lequel s'est empressé de le transmettre à Jacques Chirac, court-circuitant la voie hiérarchique ordinaire…

Mon périple n'est pas aussi pénible que celui du général Gallois, mais je sens clairement le danger lorsque des civils serbes frappent aux portes de ma chambre de l'hôtel Intercontinental, à Belgrade. « Nous savons que vous êtes en mission de renseignement sur notre territoire pour le compte d'une puissance étrangère, m'annonce le visiteur sur un ton ne souffrant aucune contestation. Au regard de nos lois, c'est un délit. Si vous continuez, nous serons contraints de vous interpeller ! »

Jean-Charles Marchiani a beau être équipé d'un téléphone muni d'une impressionnante antenne pour communiquer avec Paris, les murs ont des oreilles. Et le fait qu'il s'exprime en langue corse lorsqu'il s'entretient avec Charles Pasqua ne décourage apparemment pas ces indiscrets…

Repérés, nous n'en sommes pas moins près du but. À la différence de bien des stratèges en chambre, nous savons que l'homme fort de la Serbie, Slobodan Milosevic, ne dispose d'aucun moyen de pression sur les Serbes de Bosnie, qui ne reconnaissent plus son autorité et le considèrent même comme un traître. Tous ceux qui feront appel à lui se casseront les dents, comme l'a constaté à ses dépens le président de la République lui-même, Jacques Chirac, après lui avoir adressé un ultimatum. Heureusement, nous avons d'autres canaux.

« Vous nous mettez en danger »

Ce n'est que quelques semaines plus tard, au début du mois de décembre, que les choses vont se préciser, alors que je suis de nouveau à Belgrade en compagnie de Jean-Charles Marchiani, indispensable à ma crédibilité en tant qu'émissaire de la France. La presse française continue d'affirmer que les pilotes sont vraisemblablement morts, mais le colonel

Koulitch parvient bientôt à les rencontrer en chair et en os, dans la ferme isolée où ils sont retenus en otages, par le biais de son ancien agent, Radovan Karadzic – le général Gallois était lui aussi revenu de son voyage en affirmant qu'ils étaient bien vivants.

Pour déjouer la surveillance des services serbes lors de notre prochaine rencontre, il me fixe un rendez-vous assez cocasse dans un hôpital à moitié détruit de la banlieue de Belgrade – précaution indispensable aux yeux de ce vieux routier de l'espionnage, qui n'est guère préoccupé de roma-nesque. Le colonel Koulitch, qui nous a habitués à ses allures de gentleman, arrive déguisé en clo-chard, marchant avec des béquilles, totalement méconnaissable.

« Les pilotes sont plutôt en bonne santé, m'explique-t-il. L'un d'eux a encore la jambe ban-dée à cause d'une fracture survenue lors de l'atter-rissage en parachute, mais il a été correctement soigné. Lorsque je les ai vus, ils étaient assis sur un lit, en pleine partie d'échecs. »

Koulitch me remet alors un objet prouvant qu'il a bien rencontré les Français et me soumet le montant de la somme qu'il faudra remettre aux gardiens : 20 000 dollars. Une somme destinée à couvrir les frais, car la principale exigence de ceux qui retiennent les prisonniers se situe sur le terrain diplomatique : ils exigent de remettre en mains propres les otages à des officiels français. Et ce n'est pas tout. Ratko Mladic pose une condition supplémentaire au bon déroulement de l'opération : il est prêt à coopérer pleinement si la France s'engage à ne pas l'enfoncer le jour où il aura des démêlés avec les instances judiciaires internationales pour les exactions commises pendant la guerre, ce qui ne devrait pas manquer d'arriver. Comme ceux qui ont capturé les pilotes, il ne veut pas passer pour un bandit, encore moins pour un voleur, lui qui a été formé dans les meilleures écoles militaires... françaises. Il exige une sorte de sauf-conduit qui le mette à l'abri des éventuelles investigations du tribunal de La Haye.

Ne pouvant évidemment prendre aucun engagement pour la France, je me tourne vers Jean-Charles Marchiani. Celui-ci se rapproche immédiatement de Charles Pasqua, lequel consent par téléphone un vague engagement, après avoir – dit-il – consulté Jacques Chirac : si c'est vraiment nécessaire pour obtenir la libération des pilotes, on fera en sorte de ne pas enfoncer Mladic...

Le jour même, je prends l'avion pour Vienne, où je récupère en cash, auprès d'une de mes banques, l'argent réclamé. J'ai également demandé au pilote de la compagnie Air Entreprise, dont j'ai loué les services, de se procurer des brancards, pour le cas où l'un des otages aurait du mal à marcher. J'ai aussi suggéré qu'il récupère un drapeau aux couleurs de la France, que nous pourrions éventuellement déployer le moment venu.

Alors que je lui remets l'enveloppe pleine de billets, le colonel Koulitch est inquiet. La conversation de Jean-Charles Marchiani avec Paris a de nouveau été interceptée par la DGSE. Il craint le pire, mais le danger ne viendrait cette fois pas des Serbes : des espions français pourraient essayer de faire capoter la libération des pilotes, croit-il savoir. Parce que la DGSE a encore confirmé la veille qu'ils n'étaient plus en vie, et que leur retour nuirait à la propagande guerrière de l'Élysée.

« Vous nous mettez en danger, insiste Koulitch. Désormais, ne parlez plus au téléphone ! »

Intoxication ? Malgré son caractère quelque peu fantaisiste, le colonel semble prendre cette hypothèse au sérieux. Assez en tout cas pour accélérer le déclenchement de l'opération.

Sur le conseil de Jean-Charles Marchiani, je me fais discret le jour J : je reste à distance, laissant une délégation officielle se rendre dans la petite ville frontalière, côté serbe, où doivent être livrés les prisonniers après trois mois et treize jours de captivité. J'ai tout de même pris la peine, pour immortaliser ces images, de faire venir de Paris un grand reporter de TF1, Bernard Volker, et un cameraman – précaution que je ne regretterai pas, non seulement parce qu'elle permettra de laisser une preuve irréfutable, mais parce que le simple fait que je prévienne ces journalistes quarante-huit heures avant l'événement, alors que la DGSE donnait les pilotes pour morts, confirme que j'étais bien aux premières loges dans cette affaire. Le juge d'instruction Philippe Courroye, en charge du dossier « Angolagate », refusera bien sûr d'entendre le journaliste, pas plus qu'il ne fera cas des remerciements de Jacques Chirac au président russe Boris Eltsine, comme il occultera la présence dans l'avion, auprès des ex-prisonniers, de Jean-Charles Marchiani, tout comme il ne tiendra pas compte des déclarations des pilotes de la société Air Entreprise, basée au Bourget, qui m'ont accompagné au cours de mes déplacements et ont vu les préparatifs de très près puisqu'ils étaient logés dans le même hôtel que moi, à Belgrade, mais cela est une autre histoire…

Le général Jean-Philippe Douin, chef d'état-major des armées françaises, s'est déplacé en personne pour accueillir les otages, accompagné de son homologue serbe, le général Momcilo Perisic. Le tableau serait incomplet si ne figurait également sur la photo officielle un haut responsable du GRU (la branche militaire du renseignement russe), le général Zaïtsev, venu en uniforme. À l'arrière-plan, on distingue également Jean-Charles Marchiani et l'incontournable colonel Koulitch, sans qui rien de tout cela n'aurait été possible.

C'est le côté face de l'opération. Celui que retiendra le public : une poignée de main entre un général français et le représentant des Serbes de Bosnie, filmée pour la gloire par le reporter que j'ai mis dans la confidence.

Seules quelques personnes ont été autorisées à voir le côté pile : Jacques Chirac, président de la

République, Charles Pasqua, Jean-Charles Marchiani, mes amis russes et moi-même. Pas davantage que le général Jean-Philippe Douin, le général Gallois ne connaît mon existence. La présence du préfet Marchiani au moment de la libération des otages a d'ailleurs très certainement perturbé les officiels, comme une ombre portée sur leur mission « humanitaire ». Ce que je comprends parfaitement : dans ces moments-là, on n'a pas forcément très envie de partager la gloire.

Cérémonie à la préfecture de Toulon

Derrière les victoires, il y a toujours plusieurs pères, mais je ne suis pas mécontent d'avoir ramené ces officiers à la maison. Je sais que le général Gallois pense qu'il n'est pas pour rien dans leur libération, mais les qualités d'un général ne sont pas forcément les plus utiles dans ce genre de situation, où il faut surtout opérer dans l'ombre. Je sais aussi que le président Jacques Chirac aurait eu beau appeler au téléphone un responsable politique ou je ne sais quel ministre, cela n'aurait pas eu grand effet. Rien ne vaut les amitiés nouées au fil des ans, comme celle qui me lie au ministre des Finances de l'époque, l'homme dont le KGB reçoit tous les mois son enveloppe budgétaire...

« Tout le monde est satisfait de cette opération, me dit Jean-Charles Marchiani. Nous allons demander que vous soyez décoré. Ordre national du Mérite ou Légion d'honneur, vous avez le choix ! » Je suis plus que fier de cette proposition, mais je reste modeste. « L'ordre national du Mérite, ce sera certainement plus facile », dis-je.

Le chemin qui mène à une médaille, aussi modeste soit-elle, est cependant semé d'embûches. Les images de la libération des pilotes, même si je n'y figure pas, ne plaisent pas à tout le monde, en particulier à la DGSE, les redoutés services secrets français, qui avaient trouvé avec ce double enlèvement un moyen de justifier la présence française dans l'ex-Yougoslavie. Au lieu de m'attirer les louanges, mon rôle dans l'opération me vaut les foudres de ce service, qui ne cessera de dresser de moi un portrait très sombre, à coup de rapports confidentiels et de notes blanches adressées aux plus hautes autorités. Mon sort est scellé : je vais devenir le « sulfureux » Gaydamak. Je vais endosser ce costume lourd à porter, celui du « négatif du jour », que l'on servira en cas de besoin comme la brasserie sort son rôti de veau tous les mercredis. Je suis « contaminé » et vais désormais « contaminer » tout ceux qui me touchent. Alimentés par la DGSE, les célèbres « Renseignements généraux », la police politique à la française, ne vont pas tarder à s'y mettre et à véhiculer cette image détestable.

La graine du futur scandale judiciaire dont je serai l'une des vedettes malgré moi, l'« Angolagate », selon le terme inventé par la presse, est plantée…

En attendant, je suis convoqué auprès du directeur de cabinet de Charles Pasqua, M. Lefebvre, pour l'entretien de routine qui précède toute attribution de médaille.

« Votre nom, s'il vous plaît ?

– Gaydamak.

– Votre prénom ?

– Arcadi.

– Date de naissance ?

– 8 avril 1952.

– Profession ?

– Directeur d'une entreprise agricole », dis-je, en référence aux parts que je possède dans une grosse entreprise spécialisée dans le commerce de viande, la Socopa. Je vois bien que mon interlocuteur ignore tout des raisons qui me valent cette récompense. Personne ne l'a mis dans la confidence et je ne me sens pas autorisé à le faire. Je rentre chez moi légèrement perplexe, mais c'est ainsi : le côté pile est rarement accessible au public. Cela me chagrine un peu, mais je suis d'un naturel conciliant.

Il faut attendre le 12 mai 1996 pour qu'un courrier adressé depuis l'Élysée par Bertrand Landrieu, directeur du cabinet du président de la République, m'annonce que je suis décoré de l'ordre national du Mérite sur le quota personnel du président de la République. La médaille m'est définitivement acquise le lendemain, avec la publication d'un décret au *Journal officiel*. À partir de là, il ne vous reste plus qu'à acheter la décoration elle-même. Vous pouvez la choisir en aluminium, en bronze, en or, avec ou sans petit diamant. C'est selon votre goût, vos moyens et votre bon vouloir. Vous avez aussi la possibilité de déterminer dans quelles circonstances elle sera effectivement accrochée au revers de votre veste, et par qui. J'opte tout naturellement pour Jean-Charles Marchiani. Non seulement il est le mieux placé pour savoir que je la mérite, mais je ne vais jamais en Corse, l'été, sans lui rendre une petite visite, et il n'a pas manqué de m'inviter à déjeuner à la préfecture de Toulon lorsqu'il a été nommé préfet du Var. En tant que chevalier de la Légion d'honneur, il a par ailleurs la qualité requise pour me donner l'accolade officielle.

C'est donc dans les locaux de la préfecture de Toulon que la cérémonie est organisée, le 14 juillet 1996, en présence d'une brochette de pompiers et de policiers, et de tous les amis que j'ai pu inviter, une centaine de personnes.

Je porte mon uniforme habituel : costume noir, chemise blanche et cravate noire. Jean-Charles Marchiani fait un petit discours, et moi qui suis devenu français de façon accidentelle, je me sens brusquement très fier de l'être. Mes enfants ne sont-ils pas nés en France ? Je considérais ce pays comme ma patrie bien avant de sauver des soldats français en danger de mort, malgré le petit accent qui ne me lâche pas lorsque je m'exprime dans sa langue. Je suis français de plein droit et je ne renie pas mes autres cultures – je me sens également russe et juif.

La médaille accrochée, nous allons fêter l'événement dans la maison que j'ai achetée quelques temps auparavant du côté du cap d'Antibes, l'une des plus belles de la côte. L'« écrivain à succès » Paul-Loup Sulitzer est là, de même que l'ambassadeur d'Angola ou celui de la République du Kazakhstan, deux amis proches. Je me sens heureux d'être ainsi récompensé pour les efforts que j'ai fournis, et je n'imagine pas un instant que cette magnifique histoire va un jour se retourner contre moi. Encore moins que l'on me soupçonnera d'avoir versé de l'argent en douce à Charles Pasqua pour obtenir cette décoration, moi qui n'ai jamais eu avec lui la moindre relation financière !

À la russe

La méthode russe, en matière de prise d'otages, est bien plus radicale que la française. Les Libanais se souviennent bien de cet épisode. Quatre ressortissants russes étaient tombés aux mains d'une équipe de ravisseurs liés au Hezbollah, le mouvement islamiste proiranien. L'officier du KGB dépêché sur place rend une petite visite au chef de l'antenne locale de ce mouvement et lui tient à peu près ce langage : « Je veux que les quatre otages soient libérés demain. S'ils ne sont pas déposés devant l'ambassade de Russie avant midi, vous en assumerez les conséquences. »

Le lendemain, rien ne se passe. Le représentant du parti religieux reçoit alors un colis chez lui, contenant la tête d'un membre important du Hezbollah et un courrier réitérant la demande de libération immédiate des Russes. Le soir même, les otages sont remis en liberté.

Un préfet comme Jean-Charles Machiani ne pourrait évidemment pas mettre en œuvre de telles mesures de représailles. Ses galons, aussi impressionnants soient-ils, ne pousseront pas davantage un commandant du Hezbollah à se mettre au garde-à-vous devant lui. Si l'on veut obtenir des renseignements sérieux pouvant conduire au lieu où sont retenus des otages, la seule solution consiste à mettre de l'argent sur la table. C'est pour financer de futures missions secrètes à l'étranger que Jean-Charles Marchiani, instruit par de longues et difficiles négociations au Liban à la fin des années 80, aurait constitué une cagnotte. Il est possible que cela ne se soit pas fait en parfait accord avec la législation, mais de l'Algérie au Liban, en passant par la Tchétchénie, on n'a jamais libéré des otages avec un carnet de chèques !

L'ascenseur

Comment remercier le colonel Koulitch pour le précieux concours qu'ils nous a apporté à Belgrade ? Je lui propose une contribution financière de nature à lui permettre de quitter l'appartement qu'il occupe dans un immeuble HLM de Moscou, mais il refuse mon offre. Après quarante ans au service du KGB, m'explique-t-il, il a pris pour la première fois avec moi l'ascenseur menant directement au bureau du directeur du service. Cela suffit amplement à le combler !

Comme j'insiste, il finit par trouver une idée de cadeau. En poste auprès de l'ambassade d'URSS en Finlande, quand il était jeune « journaliste », avec un grade de lieutenant, il a acheté une Volga, une automobile équipée d'un moteur Peugeot. « Elle est comme neuve, me dit-il, mais le moteur ne tourne plus. Comme tu es français, tu pourrais peut-être m'en ramener un qui fonctionne... » Je fais aussi un geste pour Valentin Odinstev, en finançant la publication d'un livre pour enfants écrit par l'un de ses fils. Autant de petits efforts destinés à récompenser ces hommes à leur juste valeur, eux qui sont condamnés à rester dans l'anonymat malgré les risques encourus. Jacques Chirac aura également l'occasion, en tant que président de la République, de remercier le président Boris Eltsine, dont le feu vert fut décisif.

En attendant, il est désormais patent que les puissances occidentales ont encouragé la radicalisation de certains groupes au sein du monde musulman, en espérant tirer profit des confrontations qu'elle engendrait. Dans le cas de la Yougoslavie, l'un des objectifs consistait à neutraliser le pouvoir des Serbes, en raison de leur position naturelle d'alliés des Russes. Quitte à faire exploser cette fédération et à favoriser l'émergence de confettis disparates et opposés les uns aux autres. L'OTAN a engagé toutes ses forces dans la bataille, avec à la clef le grand retour des guerres de religion et la perte d'influence des Serbes dans la région. L'affaire des pilotes tombait à pic pour justifier l'engagement de la France aux côtés des musulmans contre les « méchants » chrétiens, alors que ces deux groupes vivaient jusque-là dans un même pays sans trop de heurts. Avec les guerres, les prétextes invoqués se ressemblent d'ailleurs souvent : la deuxième guerre du Liban sera déclenchée par Tsahal après l'enlèvement et l'assassinat de deux gardes-frontières israéliens. Petite différence tout de même, et de taille : les deux pilotes français, bien soignés par leurs ravisseurs, sont arrivés en pleine forme à Paris. Ce dont je n'ai pu que me féliciter.

Quatre espions français en perdition

À l'automne 1997, j'apprends par la presse l'enlèvement de quatre membres de l'association humanitaire « Équilibre » au Daghestan, république autonome voisine de la remuante Tchétchénie. Les quatre hommes sont français et les médias commencent à se faire l'écho de leur terrible mésaventure. Qu'allaient-ils faire dans cette zone périlleuse du globe ? Je n'ai aucune raison de douter de la sincérité de leur engagement humanitaire lorsque je suis convoqué par l'un de mes interlocuteurs réguliers à la DST, le service de contre-espionnage français, venu à ma rencontre quelques années plus tôt, quand la guerre froide battait son plein – je reviendrai plus loin sur cet épisode.

Accompagné ce jour-là d'un collègue, il est commandant et se fait appeler Sylvain Capitan. Il me dit en substance :

« Ceux d'en face, les "cousins" qui ne t'aiment pas, nous ont demandé de prendre langue avec toi. Ils voudraient que tu mettes en rapport le représentant de la DGSE auprès de l'ambassade de France à Moscou avec le général Zorine… »

Les « cousins », c'est la DGSE, qui visiblement me considère comme infréquentable depuis l'épisode bosniaque. Le général (trois étoiles) Viktor Mikaelovitch Zorine n'est autre que le chef du contre-espionnage russe, celui-là même qui nous a assistés dans l'opération de libération des pilotes. Entré dans les services de renseignement en 1963, à l'âge de 21 ans, il a fait toute sa carrière au KGB. Très cultivé, il fait partie de ces Russes particulièrement francophiles.

« Mais les "cousins" posent une condition, reprend le policier de la DST. Cette condition, c'est que tu n'assistes pas au rendez-vous que tu auras mis au point. »

Si la DGSE s'en remet à moi, c'est qu'elle est satisfaite de la mission accomplie dans l'affaire des pilotes, même si elle fait savoir le contraire. Flatté, je me rends assez rapidement à Moscou avec l'ambition de regagner sa confiance. L'honorable général Zorine me reçoit dans ce bureau où des générations d'agents du KGB ont rêvé un jour d'être admis.

« Je sais ce qu'ils veulent de moi, commence Zorine, toujours très direct. Ils veulent que je les assiste pour libérer les quatre membres de l'association Équilibre. Sauf que ce ne sont pas des travailleurs humanitaires. Ce sont des membres de la DGSE qui étaient en mission clandestine et qui sont entrés illégalement sur notre territoire par la Géorgie, où ils séjournaient avec des visas de touristes. Par pur hasard, sans savoir à qui ils avaient affaire, un groupe criminel local les a kidnappés en vue de demander une rançon, alors qu'ils effectuaient une randonnée à vélo. La prise d'otages, c'est un sport national dans ce coin-là ! Ils ont revendu leur "marchandise" à un groupe de Tchétchènes extrêmement dangereux, dirigé par le redoutable Arbi Baraïev, chef de guerre de son état. La DGSE veut que je les libère... mais je suis le chef du contre-espionnage ! Très drôle, non ? Je suis là pour attraper les espions, pas pour les aider à s'en sortir ! De plus, comme tu t'en doutes, ce ne sera pas simple de négocier avec les Tchétchènes.... »

Le général Zorine sait de quoi il parle, lui qui a longtemps exercé ses talents dans cette région du pays, réputée très complexe. Comme je plaide leur cause et lui demande de faire de son mieux, il finit par proposer une issue.

« Je refuse définitivement de travailler avec la DGSE, tranche-t-il. Ce sont des choses qui ne se font pas. Au nom des relations que j'entretiens avec toi, j'accepte en revanche de travailler avec mes "collègues" de la DST. Je pourrai le justifier auprès de mes supérieurs. Je mettrai cela sur le compte de la coopération entre deux services de contre-espionnage et de la lutte internationale contre le terrorisme. Cela te va comme ça ?

– Il va de soi que je prends en charge tous les frais et les primes que pourraient mériter tes hommes. Il est clair également que je dédommage-rai les familles si par malheur il arrivait quelque chose à l'un des soldats engagés sur le terrain. »

De retour à Paris, je rapporte ces révélations intéressantes à mes interlocuteurs de la DST... qui ne sont pas au courant non plus de la double cas-quette des quatre otages. Une fois vérifiées les affir-mations du général Zorine, ils m'invitent à revenir les voir au siège du service, rue Nélaton, non loin de la tour Eiffel. Les contours du dossier com-mencent à se préciser.

Nos quatre braves travailleurs humanitaires, partis crapahuter au bord de la mer Caspienne avec leurs vélos, ont demandé leurs visas pour la

Géorgie sous de fausses identités. Ils s'intéressaient en fait au futur pipeline qui doit acheminer le pétrole depuis le Kazakhstan vers l'un des deux grands ports de la mer Noire. Une question stratégique, sachant que l'approvisionnement de l'Europe est soumis aux aléas politiques et militaires qui peuvent surgir dans la région. Quel port allait-on choisir ? Celui qui se trouve sur le sol géorgien ? Allait-on au contraire déboucher en territoire russe, au risque d'accroître la dépendance énergétique des pays occidentaux vis-à-vis de Moscou, avec tous les types de pression que cela peut générer ? Fallait-il, en conséquence, se tourner davantage vers l'Algérie ou tout autre fournisseur ? M'auraient-ils consulté, au lieu d'envoyer ces quatre cyclistes au casse-pipe, je les aurais certainement renseignés en quelques coups de téléphone, mais c'est une autre histoire...

Comme le laissait entendre le général Zorine, les quatre espions sont désormais aux mains d'Arbi Baraïev, chef islamiste réputé pour exécuter ses otages de façon assez atroce. Cet homme se bat depuis dix ans contre les chars et les avions qu'on envoie pour amoindrir son clan. Et voilà que le KGB se propose d'aller au feu avec moi, pour les beaux yeux de la France... avec pour seule compensation la certitude que je paierai les primes nécessaires en cas de malheur.

Raymond Nart, le sous-directeur de la DST, transmet au terme de notre entrevue un rapport circonstancié à l'hôtel Matignon, à l'intention du Premier ministre socialiste Lionel Jospin, par l'intermédiaire d'Olivier Schrameck, son directeur de cabinet (plus tard, devenu ambassadeur, Olivier Schrameck niera cet épisode devant le juge d'instruction chargé de l'« Angolagate »). Nart reçoit en retour des moyens importants, notamment financiers, et des instructions très précises : la DST est chargée de gérer l'affaire de bout en bout dans le dos de la DGSE. Question d'efficacité, semble-t-il. Évidemment, si on lui demande un jour s'il me connaît, Olivier Schrameck jurera ses grands dieux que non. C'est la règle du jeu, et je devrai m'y faire.

Dans l'avion qui nous emmène à Moscou, Raymond Nart a pris avec lui deux lourds sacs noirs. Ils contiennent l'argent de la rançon, vingt-cinq millions de francs. Malgré les accords internationaux qui préconisent de ne pas payer les rançons, la réalité est souvent plus complexe. Dans le cas qui nous concerne, il ne faut pas traîner : les ravisseurs ont déjà fixé la date de l'exécution des otages.

Une fois les présentations faites, le sous-directeur de la DST et le chef du contre-espionnage russe s'envolent pour l'Ingouchie, petite république frontalière avec la Tchétchénie, où ils reçoivent l'assistance technique d'un ami, Premier ministre en exercice de cette République.

J'observe à distance le déroulement des opérations, depuis Moscou, ce 18 novembre 1997. C'est là que je prends connaissance de la mauvaise nouvelle : les Tchétchènes ont essayé d'empocher la rançon sans libérer les otages, enfermés par deux dans les coffres de deux voitures. Des coups de feu ont été échangés. On ignore le nombre de victimes parmi les preneurs d'otages, mais deux *spetsnaz*, comme on surnomme les combattants d'élite de l'armée russe, ont été tués. Les quatre Français, c'est pour l'heure l'essentiel, sont sains et saufs, mais les très mauvaises conditions de leur captivité, cent six jours au total, font qu'ils ont besoin de soins d'urgence dans un hôpital de la région. Après quoi, ils repartent directement pour la France à bord d'un avion militaire, accompagnés par le commissaire Raymond Nart. Sans leurs passeports, que le général Zorine se fait un devoir de me remettre en mains propres, à son retour, dans le bureau d'un ami parlementaire commun.

« Comme ça, me dit-il, sourire aux lèvres, ils ne pourront pas contester ta médaille ! »

Il ne croit pas si bien dire, et, avec son ironie coutumière, lui qui est couvert de médailles, il ajoute :

« Toi au moins, après la libération des pilotes, tu as eu une petite médaille ! Moi, je n'ai rien vu venir ! »

En rapportant les quatre passeports au siège de la DST, j'apprends que les quatre agents français ont disparu dans la nature sans concéder la moindre conférence de presse. Ni vus ni connus. Conformément à mes engagements, je verse pour ma part 2 millions de dollars aux familles des deux soldats russes tués au cours de l'opération. Quant à l'association humanitaire Équilibre, elle ne va pas tarder à être dissoute, comme si l'on cherchait à effacer toutes les traces de cette affaire aussi rocambolesque que peu honorable.

Côté face, rien à signaler au grand public, à qui la cruauté des ravisseurs n'échappe cependant pas. Pour montrer le sérieux de leurs annonces et clamer leur mécontentement, les Tchétchènes ne tardent pas, en effet, à exécuter quatre ressortissants néo-zélandais et britanniques employés par British Telecom, qu'ils détenaient en otages, et à le faire savoir haut et fort.

Côté pile, j'ai fait mon devoir de citoyen à la demande des hauts responsables de la DST. Sans que personne soit mis dans la confidence. Et sans vraiment me rendre compte du nouvel affront dont je me rendais ainsi coupable vis-à-vis de la puissante DGSE, qui n'a rien pu faire pour récupérer ses agents pris au piège dans l'exercice de leur mission militaire et me hait d'être ainsi devenu son débiteur.

Côté pile encore, entre les deux pilotes prisonniers en Bosnie et ces quatre agents – Pascal Percheron, né en 1955 ; Régis Xavier Vallon, né en 1965 ; Henri Chevallier, né en 1966, et Laurent Le Mölle, né en 1969, à en croire les mentions (évidemment fausses) portées sur leurs passeports – j'ai sauvé six officiers de l'armée française qui se trouvaient en danger de mort dans l'exercice de leurs fonctions. Et comme le suggère assez nettement la Torah, le texte sacré des Juifs : « Quand vous sauvez une personne, vous sauvez le monde entier. »

Côté face, l'acharnement de la DGSE contre moi m'obligera bientôt à fuir mon pays d'accueil, la France. Drôle de façon d'être récompensé, non ? En attendant cette issue ultime, la DGSE va donc se mettre en travers de la route de la Légion d'honneur que ceux qui m'ont appelé en renfort auraient souhaité me voir accorder, avec demande officielle à l'appui.

« Sois prudent… »

Quelques mois plus tard, en janvier 1998, la presse évoque le kidnapping dont a apparemment été victime un Français travaillant pour le Haut-Commissariat aux réfugiés des Nations unies, cette fois en Ossétie du Nord. Originaire de Tours, l'homme a été enlevé en pleine nuit. Je n'en sais guère davantage lorsque mon ami Viktor Zorine m'appelle de Moscou. « Sois prudent avec cette histoire, me dit-il en substance. Selon nos informations, le Français a été vendu aux Tchétchènes par ses propres associés ossètes qui l'accusaient de faire du profit sur le dos de leur employeur. Conseille aux responsables du gouvernement français de faire profil bas. » Curieux message que je ne décrypte pas tout de suite, mais dont je transmets évidemment la teneur à mes interlocuteurs de la DST. Comme je le comprendrai plus tard, il ne fait pas bon mettre en doute la générosité des travailleurs humanitaires. Mais l'essentiel n'est-il pas que Viktor Zorine ait à nouveau déployé les grands moyens et obtenu la libération de cet homme, après trois cent dix-sept jours de captivité, en décembre 1998 ?

Le général Zorine, à ma demande, accepte également d'aborder avec le sérieux nécessaire le cas suivant : l'enlèvement, au Turkménistan, d'un couple de Français originaires de Grenoble. Un peu hippies, ces voyageurs sont tombés entre les mains d'islamistes qui souhaitent les monnayer d'une façon ou d'une autre. Le KGB parvient finalement à localiser le village dans lequel ils sont retenus, mais l'ambassadeur de France à Moscou s'en mêle. Croyant bien faire, il se rend dans la région, sans se rendre compte qu'il eût mieux valu attendre l'arrivée des forces spéciales venues de Moscou. Viktor Zorine me fait comprendre qu'il serait judicieux de l'écarter du champ des opérations au moment où il décide de dépêcher sur place une équipe spécialisée. Tout ne se passe malheureusement pas comme prévu, et dans le fracas du coup de force organisé contre les ravisseurs, la ressortissante française va perdre la vie. Cette issue tragique sera largement exploitée par ceux qui voudraient me couper le chemin qui mène à la médaille !

CHAPITRE 2

Une enfance soviétique

Mes timbres

Mon grand-père, né en 1870, est mort lorsque j'avais 5 ans. J'étais, paraît-il, son petit-fils préféré. J'ai également peu connu mon père ; administrateur dans un hôpital, il nous a quittés très tôt, avant de mourir assez jeune. J'ai grandi avec les frères de ma mère. Nous habitions dans la banlieue de Moscou, un quartier qui aujourd'hui est devenu central. L'aîné de mes oncles, né en 1906, était l'un des plus grands collectionneurs de tableaux et de cartes postales d'art du pays ; il tenait le seul magasin d'Union soviétique consacré aux livres anciens et s'intéressait aux antiquités. Un autre était commerçant et dirigeait un magasin de produits alimentaires. Un troisième était écrivain ; il habitait dans l'Oural et publiait des livres pour les enfants. Il y avait aussi cet oncle très doué, électronicien dans l'armée de l'air. Et puis il y avait l'oncle cadet, probablement celui qui a le plus compté pour moi,

49

puisqu'il m'a collé son virus : celui qui frappe les collectionneurs de timbres.

Le grand avantage des timbres, c'est qu'ils sont une fenêtre ouverte sur le monde. Depuis Moscou, je découvre un tas de pays dont je n'avais jamais entendu parler, à commencer par toutes les colonies françaises de l'époque, le Cameroun, le Dahomey ou l'Oubangui-Chari. C'est par le biais des timbres que s'effectue mon premier contact avec la France et son histoire. C'est aussi grâce à eux que je m'initie à la langue française. Oncle Mickael a en effet miraculeusement réussi à se procurer un des précieux catalogues Yvert et Tellier, la bible (française) des collectionneurs du monde entier, datant de 1956. Cet exemplaire jauni répertorie tous les timbres français en circulation, avec leur cotation du moment. J'ai 13 ans lorsqu'il m'en fait cadeau à l'occasion de ma *bar-mitzvah* – une cérémonie religieuse qui fait de vous un homme.

Avec l'aide de mon oncle et l'appui précieux de ce catalogue venu d'au-delà du mur, j'apprends vite à reconnaître les bons timbres, ceux qui ont une véritable valeur marchande. Je me spécialise surtout dans le timbre français, probablement l'une des veines les plus riches, avec une gamme infinie de produits.

La rareté d'un timbre, je l'apprends sur le tas, tient d'abord au fait qu'il a été émis en quantité limitée. Sa valeur se niche dans les détails. Le même timbre, un portrait de Napoléon III, n'a pas du tout la même valeur en fonction de la chevelure. L'essentiel, c'est d'avoir l'œil.

Loin de les enfermer dans une boîte en carton, je regarde mes timbres de très près. Je me renseigne pour connaître la raison de leur émission, et c'est ainsi que je me cultive, hors des bancs de l'école, notamment sur les grands événements et les personnages qui comptent, ceux que l'administration des PTT a estimés dignes d'être célébrés. Je découvre aussi les paysages des provinces françaises, les châteaux, les cathédrales et Le Mont-Saint-Michel.

J'ai à peine 10 ans lorsque je fais mes premiers pas de petit marchand. Le grand avantage, c'est que le réseau des collectionneurs de timbres fonctionne par-delà les frontières et les murs, communisme ou pas. Les philatélistes moscovites se donnent alors rendez-vous dans les allées du parc Gorki, au cœur de Moscou, pour procéder à des transactions et des échanges clandestins. C'est strictement interdit par la loi, et la police débarque régulièrement pour nous chasser et nous confisquer argent et matériel, mais cela ne nous effraye pas, habités que nous sommes par notre passion. Une seule pièce peut valoir quelques dizaines de roubles, ce qui représente beaucoup d'argent à une époque où les adultes ont du mal à économiser plus de cinq roubles. Je me retrouve vite avec de l'argent plein les poches, mes premiers véritables gains.

Mais je ne m'intéresse pas qu'aux timbres. Avec mes camarades de classe, nous raffolons évidemment de musique occidentale. Les Beatles sont à la mode en URSS, au point que l'on décide de se lancer dans la fabrication artisanale de posters que l'on revend aux fans pour quelques sous. On se repasse sous le cartable les exemplaires de *Salut les copains*, une revue venue de Paris dont la lecture nous initie à la langue française, tout en nous faisant fantasmer sur ce monde interdit. Aucun de mes petits camarades n'ignore qui est la chanteuse française Sylvie Vartan, comment elle se coiffe et comment elle s'habille ! Nous avons également accès à quelques journaux autorisés, comme *L'Humanité*, le quotidien du Parti communiste français, ou *Pif le chien*, une revue pour enfants éditée sous l'égide de ce même parti « frère ». Tous autant que nous sommes, le rêve de voir un jour Paris nous hante, et j'enrichis chaque jour un peu plus mon vocabulaire français.

« Gaydamak »

« Gaydamak », c'est un nom de famille à rebondissements. La première fois qu'il apparaît dans le vocabulaire, c'est pour désigner les guerriers turcs qui occupent la partie sud de l'actuelle Russie. À l'oreille des Slaves, le mot signifie alors « guerrier » ou « combattant ».

Plus tard, l'appellation ressurgit pour désigner des paysans irréductibles qui se sont soustraits à l'esclavage et ont trouvé refuge dans les prairies. Soldats redoutables, ils intègrent massivement les unités d'élite des armées du tsar. Affranchis de père en fils, ils sont fidèles au pouvoir central, qui, en échange, entre autres privilèges, leur accorde différents privilèges.

À l'époque des pogroms, le nom « Gaydamak » revient à la surface pour désigner ceux qui mènent la charge mortelle contre les Juifs. Par un incroyable retournement de situation, le « Gaydamak » devient ensuite le Juif qui résiste au pogrom, autrement dit l'insoumis.

Dans la Russie d'aujourd'hui, c'est un patronyme assez peu répandu qui charrie toutes ces histoires de révoltes, de batailles et de ruptures. C'est un nom qui sonne durement à l'oreille et attire l'attention, et pas seulement de ceux qui ne sont pas slaves. Si vous vous appelez Gaydamak, pour le commun des mortels dans la région, il y a de fortes chances pour que vous soyez originaire d'Ukraine – au sens littéral, l'Ukraine, signifie « le bout ». En ce qui me concerne, les apparences sont trompeuses, comme d'habitude, puisque je n'ai jamais mis les pieds dans cette région. Il n'empêche que dans le regard des autres, je viens de là-bas.

En ce temps-là, celui de ma jeunesse, il y avait deux sortes de citoyens soviétiques : ceux qui étaient nés et avaient grandi dans la capitale et les autres, qui ne pouvaient séjourner à Moscou sans un permis de résident. Les gens étaient en quelque

53

sorte assignés à résidence, autrement ils auraient massivement afflué dans la capitale, où l'on disposait des meilleurs médecins, des meilleures écoles, d'une vie culturelle plus riche et de meilleures perspectives de carrière. Le simple fait d'être nés à Moscou fait de nous des membres à part entière de l'« aristocratie » locale.

Quant à mes prénoms, Arcadi Schmuel Lebovitch, on peut difficilement faire plus juif. Un choix de mes parents, qui ne voulaient pas succomber à la vague de russification des prénoms qui touchait la communauté. Pour eux il n'y avait aucune raison de ne pas assumer nos origines.

La course aux barrettes

À l'école, je suis toujours le premier à protester quand un élève est injustement blâmé. Je ne suis pas turbulent, mais je ne supporte pas les injustices. Je suis très bon en histoire, mais surtout en géographie : je passe des heures à observer sur les cartes tous ces lieux qui nous sont interdits pour cause de frontières infranchissables. Les montagnes, les rivières, les océans n'ont aucun secret pour moi, au point que je participe avec succès aux « olympiades » organisées pour stimuler les élèves. Je me passionne aussi pour les relations sociales… pendant l'âge de pierre. Je m'intéresse aux langues, mais pour le reste, je suis un élève assez moyen.

Tout enfant en âge scolaire est un *Octobrionok*, en référence à cette révolution d'octobre 1917 qui est un peu notre soleil : tout tourne autour de cette période qui signa la fin du régime tsariste. D'office membre de l'organisation Octobriata, l'élève porte un badge avec une étoile rouge et le portrait de Lénine enfant. Lénine est notre ami obligatoire. On le célèbre. On le cite, on le récite. On est prié de le vénérer. Vers l'âge de 10 ans, à condition de ne pas être trop mauvais en classe, on franchit une première étape : on devient un « pionnier » – sorte de scout laïc. Le pionnier est reconnaissable à son foulard rouge qui lui permet notamment d'entrer gratuitement dans les musées. Le but de cette organisation est en fait d'inculquer aux enfants quelques-unes des valeurs qui fondent la société soviétique, comme la hiérarchie ou le mérite. Porter le foulard rouge est considéré comme un privilège. Un jeune sur dix est exclu des pionniers, pour un mauvais comportement, un niveau scolaire trop bas, ou parce qu'il sèche les cours.

Au sein de l'école, les pionniers sont divisés en plusieurs unités dont le chef est reconnaissable à la barrette qu'il porte sur sa chemise. Avec ses deux barrettes, le chef de groupe a le privilège de représenter la classe au sein des grandes réunions plénières. Le chef de l'ensemble des groupes, identifiable à ses trois barrettes, a déjà un pied dans la nomenklatura.

Je deviens moi-même chef d'unité, puis chef de groupe. Mes premières « décorations », en somme. Le système perdure après la fermeture de l'école, notamment durant les vacances d'été, organisées du premier au dernier jour.

La sélection des « bons » éléments se poursuit au sein du mouvement des Jeunesses communistes, dans lequel sont admis une bonne moitié des élèves. Les « JC », c'est le tremplin. Le passage obligé pour qui espère entrer un jour au Parti, nettement plus sélectif puisque, la trentaine venue, à peine un individu sur dix y est admis. Les « médaillés » ont à peu près la certitude d'exercer plus tard une profession recherchée, avec à la clef un statut social assuré.

Tout entre en jeu dans cette course d'obstacles : vos origines, bien sûr, mais aussi votre environnement familial. Je passe sans trop de peine les premiers contrôles. J'obtiens ma carte des « JC », dont je deviens un membre très actif. Chaque groupe désigne un « secrétaire », à son tour détaché au sein d'une structure considérée comme le dernier sas avant le Parti. L'encadrement est très présent et les vérifications incessantes. La punition suprême là encore est l'exclusion. Une simple mention dans votre dossier et votre carrière risque d'être naufragée. En attendant, toute possibilité de voyager à l'étranger vous est interdite.

Vers l'âge de 16 ans, avec mon volontarisme habituel, je demande à être reçu par mon secrétaire. C'est un garçon d'une trentaine d'années qui a déjà un pied dans le renseignement et la sécurité, les « JC » fonctionnant comme une sorte d'antichambre du KGB. « Cela fait deux ans que j'ai intégré notre organisation, lui dis-je avec aplomb, sûr de mon bon droit. Je crois que j'ai fait la preuve de la sincérité de mon engagement. Comme tu peux le constater, je remplis pleinement ma fonction de chef. Je pense qu'il serait temps de m'accorder des responsabilités plus importantes. C'est ce que je suis venu te demander aujourd'hui. » Le ton de mon interlocuteur est très amical, mais le jeune homme ne tourne pas longtemps autour du pot. « Tu vois, finit-il par dire, tu ne peux malheureusement pas devenir secrétaire. » Et de m'expliquer, entre les lignes, que le fait d'être juif constitue pour moi une complication susceptible de bloquer pour toujours toute forme de promotion. Ce jour-là, mon destin bascule. S'il n'y a pas de place pour moi dans cette société, si on ne veut pas de moi, je vais devoir faire mon propre chemin en ne comptant que sur mes propres forces. C'est dans un autre monde qu'il me faudra aller chercher les médailles que l'on ne peut pas me donner ici, pour de bonnes ou de mauvaises raisons. Je quitte mon « secrétaire » affreusement déçu.

Fusillé pour 100 dollars

Je ne suis pas né dans une famille « riche », parce que cela ne pouvait pas exister en Union soviétique, sauf dans une très grande clandestinité. Le salaire moyen oscillait alors entre 60 et 120 roubles, soit quelques dizaines de dollars – je me souviens comme si c'était hier du prix du pain, inchangé pendant des années : entre 12 et 18 kopecks.

Nous n'avons pas plus de moyens que les autres, mais en manipulant les timbres, je me familiarise très tôt avec l'argent. De là à le dépenser, c'est une autre histoire, car tout le monde est étroitement surveillé. Aller au restaurant trop souvent risque d'attirer l'attention de la police. Acheter une voiture, impensable : la plus petite Volga ne se vend pas à moins de 10 000 roubles ! Ceux qui gagnent de l'argent au noir ou sous le manteau, comme moi, sont en fait obligés de recourir aux combines. On s'initie peu à peu à l'art de « blanchir » son argent, autrement dit de lui donner une allure officielle pour pouvoir le remettre dans le circuit. Un juge français qui n'aurait pas peur de la prescription, Philippe Courroye par exemple, pourrait fort bien se pencher sur ces dérives, qui à l'époque ne concernaient pas moins d'un citoyen sur dix…

Dans un système où le marché commande, comme il existe alors à l'Ouest, si vous n'êtes pas compétitif vous subissez des pertes ; dans un système basé sur la planification, la concurrence n'existe pas et vous n'avez qu'un seul patron : l'État. La concurrence n'existe pas davantage que la notion de compétitivité. Les produits fabriqués dans le pays peuvent être médiocres – et ils le sont –, cela n'a aucune espèce de conséquence. Il n'y a ni stocks ni invendus. Le rouble n'est même pas une monnaie, juste un ticket d'échange dont la détention permet d'accéder à certains produits. Quant au rôle du ministère des Finances, il est quasi inexistant...

Voilà pour le côté face.

Côté pile, tout le monde est censé travailler, à moins d'encourir le risque d'emprisonnement, entre une et trois années. En fait, les gens s'adaptent au jour le jour à la situation. Chacun se débrouille et tente de préserver ses intérêts personnels, à commencer par les dirigeants du Parti, les plus arrivistes et les plus corrompus de tous. La réussite ne passe pas comme en France par les grandes écoles, mais par le Parti. Celui qui veut posséder sa voiture, toucher un salaire correct et exercer une certaine influence doit commencer par y entrer. Un apparatchik n'est pas un fou furieux avec un marteau et une faucille à la main, mais un homme plus débrouillard que les autres.

Dans les années 50, on pouvait être fusillé parce qu'on avait été trouvé en possession de cent dollars, ce qui représentait une fortune, mais celui qui était autorisé à détenir de l'argent avait accès à des magasins spéciaux plutôt bien approvisionnés !

La hiérarchie n'est pas seulement basée sur la peur, mais plus encore sur les privilèges. Les rayons des magasins sont vides, mais on peut se fournir dans les entreprises, où l'on trouve saucisson, caviar ou chemises. Le Soviétique est plutôt mal fagoté, mais certains privilégiés portent le jean. Chacun sait qu'un jean peut coûter jusqu'à trois mois de salaire. Le porter ostensiblement signifie aux yeux de tous que vous avez le droit de voyager à l'étranger ou que vous avez accès au marché parallèle. Le foulard Hermès et le manteau bien coupé indiquent clairement que vous appartenez à l'élite. Tout est en fait très codifié. Les employés de telle entreprise ont accès au sanatorium, ceux de telle autre entreprise peuvent se faire soigner sans difficulté à l'hôpital. En théorie, tout le monde touche le même salaire, mais les privilèges font la différence.

Sibérie obligatoire

Je vais forcer volontairement le trait, pour que chacun comprenne, mais voilà à peu près le discours que l'on tenait en ces temps lointains à ceux qui se montraient un peu trop originaux, ou divergeaient du chemin officiel :

« Nous savons que vous apprenez le français. Vous avez des livres chez vous qui le prouvent. C'est bien, mais votre grand-mère n'était pas prolétaire. Elle n'avait pas la conscience prolétaire, et il est possible que vous ayez en vous une propension à partager les valeurs de la société bourgeoise. En plus, cette langue est utilisée dans une société qui prône l'exploitation de l'homme par l'homme. Si, par mégarde, vous tombiez sous l'influence de la propagande française, vous pourriez vous attacher à ce système capitaliste et devenir ainsi le promoteur de cette société où les enfants travaillent quinze heures par jour et où l'on nourrit le mineur de fond d'une simple soupe à l'oignon sans un gramme de viande. On ne voudrait pas que cela vous arrive… » On cherche alors à empêcher tout contact entre le citoyen soviétique et l'étranger pour éviter une éventuelle « contamination » et protéger ainsi le système. Officiellement, on parle de répression politique. On dresse le paravent de l'idéologie soviétique. La réalité est plus prosaïque. Dans le monde capitaliste, le profit et la société de marché sont les moteurs de la révolution industrielle : pour s'enrichir, les entrepreneurs font progresser l'industrie. Dans la société soviétique, dont le modèle ne survivra pas au-delà de la troisième génération, propriété et profit sont interdits. La répression idéologique est en fait dictée par des raisons économiques. Les millions de prisonniers politiques envoyés dans les camps de travail sont en fait des travailleurs que l'on déplace par la force vers les territoires où se trouvent les matières premières. On les condamne au travail pour entrave au communisme, mais c'est parce qu'on peut difficilement les motiver pour aller vivre dans des contrées au climat particulièrement rude. Comment attirer dix mille travailleurs dans une zone où il n'y a pas de shopping possible, de la neige la moitié de l'année, pas de salles de cinéma et des moustiques à la belle saison ? En Occident, on leur aurait promis des salaires plus importants. En URSS, un surplus d'argent étant répréhensible, on les condamne au travail forcé. Non seulement ce mode de fonctionnement limite les frais, mais il permet d'assurer la prospérité industrielle du pays, essentielle pour garantir la pérennité du système soviétique. Sans cette main-d'œuvre gratuite implantée par la force en Sibérie, dans des baraquements inconfortables, il aurait été impossible de tenir la distance avec les pays occidentaux. Grâce à elle, le pays a réalisé un saut industriel énorme.

Le KBG est chargé d'opérer le tri. Ses agents veillent à ce que chacun reste sur le bon chemin. La moindre dérive est signalée aux autorités, qui ouvrent alors un dossier. Un manquement sérieux aux règles en vigueur, et vous voilà rejeté du côté des « ennemis du peuple », avec la certitude de voir votre carrière ruinée. Parfois, vous ne l'avez même pas vu venir, comme le dit si bien cette plaisanterie très répandue à l'époque, l'histoire de deux prisonniers qui font connaissance dans le camp auquel ils ont été affectés :

« Tu as pris combien d'années ? demande le premier.

– Dix ans, répond l'autre.

– Et pourquoi, exactement ?

– Pour rien !

– Non, c'est pas possible ! s'exclame le premier. Pour rien, c'est cinq ans ! »

(Dans mon cas, « pour rien », ce sera six ans.)

Paradoxalement, certains de ces exilés involontaires réinventeront le capitalisme au fin fond du pays, parvenant même à amasser un peu d'argent et à restaurer le droit à la propriété, à l'heure où l'histoire les appellera à transformer ces camps en pôles industriels dignes de ce nom...

Les plages de Deauville, comme au cinéma

L'URSS compte à cette époque une majorité d'opposants au régime, mais les gens savent ce qui est permis et ce qui ne l'est pas, et c'est précisément ce qui fait la force du système. Il n'y a par exemple aucune interdiction en matière de pratiques religieuses, mais mieux vaut pour faire carrière se tenir à l'écart des cercles religieux...

Je fais cependant partie des contestataires. Péché de jeunesse, moi qui n'ai pas encore 20 ans, je ne me retiens pas de dire tout haut ce que je pense. Je pressens au fond de moi que je pourrais mal finir, parce que je suis exactement le genre de personne qu'il convient d'éloigner, de mettre entre parenthèses pour qu'il ne contamine pas les autres.

Pour tenir, avec mes petits camarades, nous nous accrochons au mirage de l'Ouest, impressionnés que nous sommes par l'image que donnent de la vie quotidienne en Occident les pages des magazines français. Nous vivons tous avec l'idée que l'Occident est un paradis et que nous sommes, nous, Soviétiques, les plus médiocres au monde. Nous idéalisons complètement la société occidentale.

Il nous arrive de sécher les cours pour assister à une séance de cinéma – 10 kopecks l'entrée pour les mineurs. Je me souviens d'avoir assisté à la projection du film de Claude Lelouch *Un homme et une femme*. Pour moi, la vie en Occident c'était ça : une terrasse de café et les plages de Deauville, loin de la grisaille et de la morne vie qui était la nôtre, avec dans le décor de belles voitures. Je me souviens aussi d'avoir vu dans la même salle de cinéma *Les Parapluies de Cherbourg*, qui donnaient de l'Occident une image un peu surréaliste. Et plus je voyais de films, plus j'embellissais ce monde inaccessible.

Ce que j'ai découvert bien plus tard, c'est l'incroyable guerre d'influence menée à cette époque par le KGB, les services secrets soviétiques, dans ces lointaines contrées d'Europe, d'Asie ou d'Afrique qui nous faisaient rêver. Tous les groupes d'influence qui se manifestent dans le monde occidental sont susceptibles d'être infiltrés, manipulés, financés, nourris par les Soviétiques, au moins à égalité avec les partis communistes nationaux, sous perfusion permanente. Association de défense des animaux, mouvement écologiste, groupe d'amateurs de chansons russes : autant de canaux d'infiltration. Rien de ce qui peut troubler l'ordre établi à l'Ouest n'est négligé. Le KGB s'intéresse même aux prêtres, pourvu qu'ils soient écoutés par de nombreuses ouailles. Qu'ils soient anticommunistes ne les dérange absolument pas, pourvu qu'ils aient du charisme. Et quand il n'y a rien à se mettre sous la dent, des structures sont créées de toutes pièces, associations, groupuscules politiques, partis... Derrière l'organisation trotskiste comme derrière l'organisation maoïste, les agents de Moscou peuvent être là, comme ils sont capables de se dissimuler derrière un mouvement d'extrême droite. Ils pratiquent ce petit jeu à merveille, à la barbe des services de contre-espionnage occidentaux. Ils contrôlent à leur façon le monde, jusqu'au jour où ils décideront de se sauver de la déconfiture en se sabordant eux-mêmes, au bord de l'implosion, à la fin des années 80...

Gardien de nuit

À 17 ans, avec quelques amis, nous soudoyons un employé du ministère du Commerce extérieur. Je me retrouve ainsi au milieu d'une opération commerciale avec la Tchécoslovaquie et la marque de chaussures Bata. Les produits de cette marque ont un prix officiel dans le commerce, mais on ne trouve ces chaussures nulle part à Moscou.

Notre idée, rapidement mise en pratique, consiste à acheter un lot que l'on fait livrer hors de la capitale, où on les achemine discrètement pour les revendre cinq fois leur prix sur le marché parallèle. C'est grâce à ces travaux pratiques que je comprends comment on peut gagner sa vie en jouant sur la pénurie. Il suffit de trouver le bon filon. Les femmes d'Asie centrale sont éprises de robes en velours ? Avec des amis, nous achetons des rouleaux de velours auprès de l'usine qui les fabrique. Puis, à l'abri des contrôles, nous les revendons à un Ouzbek, officiellement gardien de nuit, mais également propriétaire de champs de coton.

J'apprends encore énormément en observant cet homme. Pour justifier ses rentrées financières, il dépense des milliers de roubles pour acheter des tickets de loterie gagnants. Ainsi peut-il expliquer à qui l'interroge des gains largement supérieurs à son salaire de vigile. Quelques semaines plus tard, je deviens moi-même gardien de nuit pour le compte de l'agence de presse Novosti, à la fois relais important de la propagande soviétique et antenne informelle du KGB. Je gagne officiellement 60 roubles par mois, mais je verse cinq fois cette somme à mon chef en échange de son tampon sur le document, cet indispensable certificat de travail sans lequel je serais dans l'illégalité. Je suis censé travailler vingt-quatre heures, prendre trois jours de repos et revenir pour vingt-quatre heures, et ainsi de suite. Je me présente en fait sur place environ une fois par mois.

L'été, je profite de mes passages dans l'immeuble pour monter sur les toits et contempler Moscou. Je suis censé effectuer des rondes, si bien que je dispose des clefs de tous les bureaux. Parce que celui qui sait ce qui se passe à Paris ou à Londres est perçu comme une personne plus éduquée que les autres, mais aussi parce que les Soviétiques ont un attrait incroyable pour les nouvelles en provenance de l'étranger, certains des journalistes de Novosti sont de véritables stars dans le pays.

Il m'arrive de m'attarder dans le bureau de telle ou telle vedette, la nuit. Considérés comme des gens sûrs et fidèles à la cause, ils ont libre accès à tous les produits occidentaux. Dans les bureaux de ces journalistes, il y a toujours une bouteille de cognac que je ne peux pas m'empêcher de tester discrètement. Il y a surtout des journaux étrangers qui traînent, à commencer par *Paris-Match*, que je dévore avec toute l'attention que mérite ce symbole de la vie occidentale.

Nous sommes en 1971 et Leonid Brejnev est toujours au pouvoir. C'est à cette époque que je rencontre celle qui sera la femme de ma vie, Irina, fille d'un médecin réputé à qui le système soviétique réussit plutôt bien…

Quelles vérités ces journalistes estampillés rapportaient-ils vraiment à leurs lecteurs ? Je répondrais volontiers par l'histoire juive que voici :

« Tu sais, annonce un Juif à son ami, le ténor espagnol Placido Domingo n'a pas plus de voix qu'il n'a l'oreille musicale !

– Et comment le sais-tu ? lui demande son ami. Tu as assisté à l'un de ses concerts ?

– Non, mais Rabonovitch y est allé. Quand il est rentré chez lui, il m'a appelé au téléphone et il s'est mis à chanter comme Placido Domingo. »

Aux portes de la synagogue

Le système soviétique est un royaume où les petits hasards ont largement leur place. Un jour, alors que je me promène dans la rue avec un ami non loin du fameux hôtel Métropole, je suis approché par deux touristes américains qui cherchent à localiser la grande synagogue. Bien qu'il soit interdit de se lier ainsi avec des étrangers et qu'à l'heure où tout le monde est censé travailler on se fasse facilement repérer, nous décidons de les accompagner, à pied. Je connais bien les lieux. En approchant, nous apercevons un attroupement. La discussion semble animée. Ils parlent d'Israël, d'immigration, de papiers. Plus précisément, de la possibilité d'obtenir la permission d'émigrer vers Israël. La décomposition du système a commencé sous nos yeux. Elle ne débouchera sur un vrai changement que vingt ans plus tard, mais déjà, le communiste proclamé passe pour un fou. Plus personne n'y croit. Alors, partir ? Quitter ce pays ? Il est peut-être temps !

Je reviens sur les lieux dès le lendemain, puis encore le jour d'après. Ce qui me travaille, c'est la possibilité de rejoindre l'Occident. De me rapprocher de ce rêve qui m'habite depuis plusieurs années. Je suis juif, c'est même inscrit sur ma carte d'identité, et grâce à cela je peux prétendre au départ. Chacun sait par ailleurs que je suis à l'époque un sioniste convaincu, probablement plus sincère que beaucoup et très impliqué dans la vie quotidienne de la synagogue.

Je dépose une demande dans un service lié au KGB. Toute personne ayant eu accès à des informations relevant du secret d'État se voit en effet imposer entre cinq et dix ans de quarantaine, avant de pouvoir quitter le pays. Celui qui a été formé dans une université est prié, avant son départ, de rembourser une somme importante. N'entrant dans aucune de ces catégories, j'obtiens le droit d'émigrer sans avoir effectué mes obligations militaires, mais, à l'époque, les choses sont claires : l'Union soviétique soutient les pays arabes contre l'État sioniste, qui représente les intérêts occidentaux. Choisir ce pays revient à opter pour l'ennemi idéologique, d'autant que les pays arabes ne sont pas favorables à ces mouvements migratoires qui risquent de renforcer Israël. Je ne vais pas tarder à en subir les conséquences.

Mon premier billet d'avion

Le 8 avril 1972, jour de mes vingt ans, je quitte l'Union soviétique, non sans m'être acquitté d'une somme de 1 000 roubles en guise de dédommagement au système d'éducation.

Me voilà déchu par décret de la nationalité soviétique.

Le billet d'avion est évidemment à mes frais, mais le vol n'est pas direct. Depuis la guerre des six jours, les relations diplomatiques entre l'URSS et Israël ont été rompues. C'est l'Autriche qui représente les intérêts de l'État hébreu, et c'est donc vers Vienne que nous nous envolons, avec l'espoir fou de rencontrer la liberté, l'égalité et la fraternité.

Moscou est encore à l'heure hivernale, mais en Autriche, c'est déjà l'été. Tout est vert. Tout respire la propreté le long de la route qui conduit de l'aéroport au centre d'accueil aménagé à l'intention des immigrés en transit.

Une fois sur place, chacun doit faire un choix entre plusieurs destinations. Plus de la moitié de ceux qui ont fait le voyage avec moi optent pour les États-Unis, le Canada ou l'Australie. Aller ailleurs qu'en Israël sonnerait à mes yeux comme une forme de trahison.

Deux jours après notre atterrissage à Vienne, je suis de nouveau dans l'avion pour le second vol de ma vie. Jérusalem surprend mes narines par un parfum saisissant en fleur. Je pense d'abord à un improbable produit chimique, avant de comprendre que les orangers sont en pleine floraison. J'ai fort opportunément passé les trois derniers mois à apprendre l'hébreu dans le cadre de la première école juive ouverte à Moscou. J'ai même fait partie des trois premiers élèves.

Ultime souvenir : la veille de mon départ, alors que nous déjeunions au restaurant, Irina et moi, j'ai été pris d'une subite rage de dents. Je file chez le dentiste qui décide de m'arracher la dent malade. Le lendemain, je me retrouve à Vienne, où je reçois la visite d'un dentiste autrichien. « Votre dentiste ne s'est occupé que de la partie visible, m'annonce-t-il, je dois vous retirer la racine. » Il achève le travail, ou du moins croit le faire, parce que l'ultime épisode aura lieu en Israël, où un troisième dentiste terminera les soins.

CHAPITRE 3

Visa pour l'Occident

Kibboutz et pamplemousse

Je suis l'un des rares à avoir fait le voyage Moscou-Vienne-Tel-Aviv en célibataire, mais il était impensable que ma future femme me suive et nuise ainsi à son père, du moins dans un premier temps. Alors que la plupart des Juifs russes sont aiguillés vers des appartements temporaires, avec un peu d'argent en poche, je demande à être envoyé dans un kibboutz. En attendant mon affectation, me voilà conduit vers un petit hôtel où je suis accueilli par un bruit aussi étrange qu'inconnu : celui de la mer, avec ses vagues régulières qui viennent mourir sous les fenêtres. Un autre monde !

La plupart des nouveaux arrivants désiraient avant tout fuir l'Union soviétique et rejoindre cet Occident très embelli et idéalisé, plus qu'ils ne souhaitaient véritablement gagner Israël. Sioniste comme on peut l'être à 20 ans, le kibboutz est dans mon esprit un endroit formidable où l'on ne

73

s'épuise pas à la tâche, un univers sans conflit surtout, idéal pour moi qui déteste les complications.

Je me retrouve ainsi propulsé en Galilée, au nord du pays, dans le kibboutz de Beit Hashita, fondé par des pionniers en 1928, bien avant la création de l'État. Le lieu est aujourd'hui réputé pour ses olives et ses cornichons salés, mais à l'époque, il l'était surtout pour ses poulets et ses oranges. C'est une commune agricole, mais comme beaucoup d'autres elle a son versant militaire, puisqu'une partie de ses habitants officient régulièrement comme gardes-frontières.

Je me sens tellement bien que je m'imagine passant toute ma vie dans ce merveilleux endroit. J'hésite en fait entre le kibboutz et l'armée. Convaincu d'être socialement inapte à la compétition économique depuis que je me suis fait rouler plusieurs fois en vendant des timbres à plus vieux que moi dans les allées du parc Gorki, je suis en phase avec ce modèle. Dans ce village agricole, on est au service de la collectivité et la concurrence est absente du paysage. On m'a attribué un lit dans un dortoir. Je mange à volonté et gratuitement au réfectoire. Quand j'ai besoin d'un jean, d'une chemise ou d'un chapeau, je passe me servir au magasin. Si j'ai besoin d'une voiture, il me suffit d'en réserver une. Envie de voir un film ? Le ciné-club est ouvert ! Le « ministère de l'Absorption » paye une dîme couvrant une partie de mes dépenses et me finance même des cours d'hébreu. Moi qui ai connu le communisme, je ne suis pas franchement dépaysé !

Ou plutôt si : au kibboutz, je découvre le communisme théorique, idéal, tel qu'on ne l'a jamais mis en pratique en Union soviétique. Je me souviens encore des mots prononcés par Nikita Khrouchtchev en 1961, lors du XXᵉ congrès du Parti communiste : « Notre génération va construire le communisme. Donnons-nous vingt ans ! » Vingt ans plus tard, on ne l'avait toujours pas vu, mais au kibboutz, chacun apporte à la collectivité en fonction de ses capacités physiques et intellectuelles et prend à cette même collectivité selon ses besoins réels. Concrètement, chacun effectue le travail qu'il sait faire, avant d'aller se servir au magasin central. Légumes frais, produits laitiers, œufs, vêtements, je ne manque vraiment de rien. En échange, pendant les heures de travail, je suis disponible pour tous types de travaux agricoles, au bon vouloir du chef...

Cependant je déchante assez rapidement : non que je ne dispose pas de tout le confort nécessaire, mais à cause des relations entre les gens. La première chose que me demandent la plupart de ceux que je croise, une fois qu'ils ont compris que je venais d'Union soviétique, c'est si je n'ai pas quelque chose à leur vendre – une relation un peu mercantile à mon goût. Et puis il y a le fonctionnement même du travail au sein du kibboutz. Bizarrement, les amis du chef ne travaillent jamais la nuit, ne sont jamais envoyés dans le poulailler et ne ramassent ni les oranges ni les pamplemousses. Ils sont dispensés de ces tâches considérées comme ingrates ou trop dures. Avec le caractère qui est le mien, comme je le faisais à l'école, je me mets rapidement à revendiquer l'égalité entre tous les travailleurs au sein du village.

Au bout de quelques mois, des fourmis dans les jambes, je prends la décision de partir. Je rejoins la ville côtière de Saint-Jean-d'Acre, où je m'inscris bientôt dans une école de matelots – les élèves habitent dans des baraquements disposés à même la plage et nous apprenons avec sérieux à faire toutes sortes de nœuds. Je suis le seul immigré russe dans les parages : tous les autres sont des Juifs séfarades originaires d'Afrique du Nord et tous ont déjà un pied dans l'armée, où ils comptent faire carrière.

Tous les jours, un couple de Juifs polonais habillés comme en hiver dans le style des années 40 s'installe sur la plage pour vendre une soupe russe à un demi-shekel le bol. Elle est fameuse, mais ne suffit pas à nourrir mes amis matelots qui me suggèrent gentiment d'aller piocher pour eux quelques aliments dans le centre d'« absorption » voisin. « Tu es russe, m'explique l'un d'eux, tu n'auras pas de mal à te fondre dans la foule ! » Voyant mon air interloqué, mon camarade matelot me donne une véritable leçon sur la façon dont je dois m'y prendre pour devenir invisible, ou presque. Avec sa tête de Tunisien, il parvient à s'infiltrer parmi les

Russes et à revenir la besace pleine, ni vu ni connu… Comme un militaire opérant un raid en territoire ennemi, brun parmi les blonds, francophone parmi les Slaves.

Des années après, clin d'œil à ce passé, un grand tableau datant de l'Empire, représentant l'arrivée des troupes de Napoléon à Saint-Jean-d'Acre, est accroché dans notre appartement de l'avenue Foch.

Des communistes alignés sur l'Amérique

Je pense souvent au temps où Juifs et Arabes coexistaient de manière harmonieuse. Contrairement à ce que je perçois encore confusément autour de moi, dans cette vieille ville arabe où j'ai atterri, ces temps ont bel et bien existé. Je sais, il faut remonter très loin, mais à l'époque où les Arabes occupaient l'Espagne et le Portugal, les Juifs étaient vénérés et disposaient de privilèges certains. Jusqu'au jour où, la paix ayant été rompue, les Juifs sont entrés en conflit avec les élites aristocratiques et ont été chassés de l'Espagne catholique. C'était à la fin du XVe siècle, en 1492 exactement, une date clef pour le monde juif. Une partie d'entre nous ont alors traversé la Méditerranée pour s'installer dans les villes d'Afrique du Nord. Les Juifs ont trouvé leur place dans ces régions parce que leurs pratiques alimentaires étaient très proches de celles des musulmans, une clef bien plus importante qu'on ne le croit. Les habitudes des Juifs en matière alimentaire furent en effet un élément déterminant dans le développement de l'antisémitisme au Moyen-Âge, dans l'Europe chrétienne. Dans leurs ghettos, les Juifs avaient pour coutume de se débarasser au printemps de toute la nourriture, à l'occasion des fêtes religieuses, ce qui avait pour conséquence d'éloigner les rongeurs, principaux vecteurs des épidémies. De là est née cette rumeur selon laquelle les Juifs empoisonnaient les denrées alimentaires. Les pays musulmans d'Afrique du Nord dans lesquels ils se sont installés avaient des pratiques rituelles à peu près similaires aux leurs. Loin d'être montrés du doigt, les Juifs ont alors vite été intégrés aux cercles du pouvoir. D'autres ont poussé plus loin, jusqu'en Angola, cette terre d'Afrique australe à laquelle ma vie serait bientôt liée.

À la même époque, à l'est de l'Europe, des bords de la mer Noire à la Lituanie en passant par Prague et Vienne, d'autres Juifs vivent en autarcie à l'intérieur de ghettos imperméables. Jusqu'au XVIIIe siècle, ils tiennent même leurs propres registres d'état civil, loin du regard des autorités locales. Leur vie quotidienne est entièrement réglée par la Torah, les textes fondateurs du judaïsme. Ils ont un accès très limitée aux universités, surtout dans la Russie tsariste, mais ils parlent souvent plusieurs langues – l'hébreu, le yiddish, parfois l'araméen, et la langue locale, le russe, le

hongrois, le polonais ou l'allemand. Les hommes
étudient. En 1905, nous obtenons le droit de circuler librement dans toute la Russie et tous les
droits civiques.

À la veille de la révolution d'octobre 1917, à
laquelle ils apportent une contribution historique,
ils forment une population compétitive et éduquée de près de 15 millions de personnes, dont un
certain nombre se lancent à la conquête du pouvoir.

Hormis quelques petits groupes religieux ras-
semblés autour des Lieux saints, les Juifs n'ont pas
habité la Palestine depuis le jour où ils l'ont quittée
sous la pression des Romains. Dans les années
1920, les premières grappes de Juifs ashkénazes
quittent leur ville ou leur village pour faire le chemin inverse : ils migrent vers la Palestine, poussés
par l'idéologie sioniste développée au sein des organismes socialistes.

Armés de leur utopie communiste, les livres de
Trotski et de Lénine dans leurs valises, ils
s'implantent en plein milieu du désert. Ils orga-
nisent les premiers kibboutz, ces communes agricoles
capables d'assurer leur alimentation quotidienne,
où ils sont coupés du reste du monde. À l'époque,
Joseph Staline ne s'oppose pas à ce mouvement
migratoire, au contraire. L'homme fort de l'URSS
mise sur ces russophones pour partir à la conquête
idéologique du Moyen-Orient. Un nombre non
négligeable de ces Juifs ont une formation militaire.

Ils ont même souvent le grade d'officier. Nés en Pologne, en Russie, en Ukraine ou en Lituanie, ils forment bientôt la base de l'armée qui va devoir se battre contre l'occupant anglais, en ce temps où les nations arabes n'existent pas encore et où le pétrole n'occupe pas la place qu'il occupe aujourd'hui...

Au lendemain de la Seconde Guerre mondiale, les survivants sont traumatisés par la Shoah et la disparition de tant de leurs proches. Pour défendre leur culture et assurer la survie du peuple, ils réclament et obtiennent la création de l'État d'Israël, avec l'appui de l'Union soviétique qui promeut cette idée auprès de l'ONU, Joseph Staline misant toujours sur cette avant-garde pour propager les idées communistes dans la région. La population locale arabe est évidemment hostile à la création de cet État qui accorde la préférence aux Juifs et va fatalement repousser les musulmans vers les pays limitrophes. Certains prennent les armes, mais ils restent très mal organisés face à l'expérience acquise par les Juifs durant la Deuxième Guerre mondiale.

Communistes dans l'âme, les chefs sionistes acquièrent aussitôt une stature internationale. Paradoxalement, ils sont soutenus aveuglément par la communauté juive américaine, riche, nombreuse, influente et surtout très impliquée dans le système capitaliste. Certains trouvent formidablement hypocrite cette alliance des communistes avec l'Amérique, mais très vite, les choses s'éclaircissent. L'État d'Israël prend ouvertement fait et cause pour les intérêts géopolitiques américains, tandis que sa dépendance financière vis-à-vis des Américains n'échappe plus à personne : Israël ne pourrait plus se passer des États-Unis pour vivre. Dans le même temps, l'influence de l'Union soviétique ne cesse de reculer. Pis encore : au fil des années 50, l'État d'Israël devient l'ennemi idéologique par excellence de Moscou. Un comble, alors que les dirigeants des kibboutz restent d'authentiques communistes... qui iront bientôt nourrir les rangs de la haute administration israélienne, prêts s'il le faut à prôner un alignement total sur l'Amérique !

Voilà bien longtemps qu'entre Juifs et Arabes rien ne va plus, mais entre les Juifs eux-mêmes, ce n'est pas non plus le paradis, comme je le constate chaque jour un peu plus à mes dépens.

Deux sortes de Juifs

Parmi les Juifs, tout le monde n'était pas d'accord avec la création d'Israël, malgré le choc de la Shoah. Les plus religieux ne cesseront jamais de critiquer cette « invention sioniste », jugeant un tel État contradictoire avec les textes sacrés puisqu'il ne peut y avoir de royaume de Dieu sur terre avant l'arrivée du messie... et qu'il ne s'est pas encore manifesté à leurs yeux. Des groupes orthodoxes prendront même l'habitude de sortir les drapeaux noirs les jours de fête nationale…

En attendant, la composition de la population juive du pays se transforme à vue d'œil. Aux Ashkénazes venus d'Europe viennent bientôt se superposer une partie des Juifs d'Afrique du Nord, ceux qui n'ont pas eu les moyens d'aller s'installer dans les beaux quartiers parisiens ou aux États-Unis, alors que se profilaient la décolonisation et l'indépendance de la Tunisie, du Maroc et de l'Algérie. Un énorme transfert de population, largement financé par la communauté juive américaine, modifie en profondeur les équilibres de la société israélienne. Plus nombreux que les Juifs originaires de l'Europe de l'Est, les Séfarades se retrouvent au plus bas de l'échelle sociale, confinés aux grades inférieurs, loin des postes à forte valeur ajoutée.

C'est un peu plus tard que s'inaugure la vague russe, dont je fais partie, et cet antagonisme entre Ashkénazes et Séfarades est la première chose qui me frappe. Pour moi, ce parfum d'inégalité perturbe l'odeur des orangers. Pourquoi y aurait-il deux sortes de Juifs ?

Je commence à rêver d'un ailleurs, malgré ma rencontre avec Golda Meir, l'héroïne du moment, qui a pris en main les rênes du pays. Ma formation de matelot me donne droit à un passeport spécial permettant d'entrer n'importe où sans visa, en vertu des accords internationaux. Assimilé à un militaire, le marin peut en effet séjourner où bon lui semble, à condition que sa présence n'excède pas quatre-vingt-dix jours. Fort de ces constatations et plein d'espoir, je m'inscris auprès des autorités portuaires, dans l'attente d'un navire qui aurait besoin de moi comme vacataire.

Une nouvelle fois, je dois déchanter. Alors que nous venons de décharger une cargaison de voitures japonaises dans le port d'Eilat, au bord de la mer Rouge, la camionnette qui nous ramène dans notre baraquement est interceptée par les douanes. Les agents découvrent de la drogue à bord et se tournent vers notre contremaître, un Juif d'origine roumaine. Aussitôt, il montre du doigt Igor, russe comme moi, ne parlant pas un mot d'hébreu et lui aussi dans l'attente d'une place sur un bateau. Nous logeons ensemble depuis plusieurs jours et je sais qu'il n'est strictement pour rien dans ce trafic, dont je soupçonne en réalité notre chef d'être le principal responsable. Igor est arrêté sous nos yeux et sa vie brisée net. Une nouvelle fois, la question me taraude : comment un Juif peut-il infliger cela à un autre Juif ?

Deck boy

Quelques jours plus tard, en cette fin d'été 1972, j'embarque enfin à bord d'un pétrolier de 40 000 tonnes appartenant à un affréteur israélien, mais naviguant sous pavillon libérien. J'ai la ferme intention de leur fausser compagnie à la première occasion, comme pas mal de marins avant moi, mais l'équipage est assez restreint sur ce genre de navires, ce qui risque de rendre mon évasion délicate.

La moitié de l'équipage est composée d'officiers sud-africains, tous spécialistes du pétrole : une « marchandise » qu'il faut surveiller de près tout au long du voyage. Parmi les six marins, je suis le seul Blanc et le moins gradé, avec mon statut de *deck boy* – garçon de pont. Il règne à bord une ambiance digne de l'apartheid et il nous est strictement interdit de monter à l'étage, ce qui me révolte profondément, moi qui suis passé par l'école des Jeunesses communistes. Confinés dans notre secteur, nous nous employons notamment à gratter la rouille qui gagne le navire et à le repeindre, avec les pots de peinture qui valsent d'un bord à l'autre au gré du roulis. Lorsque les cuves sont vides, nous sommes priés de dégazer, autrement dit de rejeter à la mer les résidus de pétrole.

Nous faisons bientôt escale à Ashdod, sur la côte israélienne, dans une raffinerie où j'ai eu l'occasion de travailler quelques jours comme gardien – j'ai été désarmé après avoir appuyé sur la détente de mon pistolet-mitrailleur, histoire de voir quel effet cela faisait de tirer. Puis nous partons pour l'Europe, secoués par des vagues qui balayent vigoureusement le pont.

Dans le port d'Helsinki, en Finlande, je décide de tenter ma chance malgré le froid et la neige. Un blouson chaud sur le dos, je m'aventure vers les faubourgs de la ville, mais je renonce rapidement à mon projet et reviens vers le bateau. Trop compliqué. Trop hasardeux aussi, d'autant que je ne parle pas un mot de la langue du pays.

Je serai à deux doigts de racheter l'affréteur de ce pétrolier, bien des années plus tard. Je financerai à peu près à la même époque la construction d'un hôpital à Ashdod, la ville où nous avions fait escale, en Israël. Mais nous n'en sommes pas là... Nous sommes au milieu de l'automne 1972 et je viens de m'acheter à Tel-Aviv une magnifique paire de chaussures en daim pour seulement 13 dollars, comme je n'ai même pas rêvé d'en avoir une à Moscou, lorsque je m'embarque sur un nouveau cargo.

CHAPITRE 4

Marseille-Paris-Champs-Élysées

La France !

Il fait plutôt chaud le jour où nous entrons dans le port de Marseille. La France ! Toute mon enfance, en contemplant mes timbres, j'ai pensé à elle. En les classant, en les échangeant, en les soupesant, je me suis familiarisé avec les dates qui font sa fierté, avec ses héros et ses merveilleux monuments. J'ai même appris quelques rudiments de français en scrutant leur valeur dans les catalogues, à la recherche du petit défaut susceptible de multiplier leur prix. Paris, c'est pour moi le plus grand centre culturel mondial, que dis-je, la capitale du monde ! C'est là, définitivement, que je veux vivre. Là et nulle part ailleurs !

Je suis de quart, pieds nus et en jean sur le pont, lorsque je vais à la rencontre du « bosco », comme on appelle le chef des matelots, un gars qui terrorise en permanence son équipage.

« Chef, lui dis-je, je vais faire une promenade.

– Pas question. Tu ne bouges pas de ton poste ! ordonne-t-il, comme s'il me soupçonnait d'intentions coupables.

– Chef, je vais juste acheter une carte postale et je reviens ! »

Il me toise à nouveau. Sans papiers, ni chaussures, ni chemise, je ne risque pas d'aller bien loin, songe-t-il avant de m'accorder cette minuscule dérogation.

Alors que je me dirige à grands pas vers la sortie du port, je croise une bande de jeunes militaires, tous à peu près du même âge que moi. Ce sont des légionnaires en permission et, en quelques phrases, ils comprennent parfaitement dans quelle situation je me trouve. L'un d'eux sort une chemise de son sac, un autre me tend un pull vert de la Légion, un troisième une paire de chaussures, et voilà qu'ils m'invitent à les suivre, sans poser davantage de questions. Je marche dans leurs pas jusqu'à la gare Saint-Charles où nous passons les contrôles sans même nous arrêter : les soldats voyagent sans billets, une gratuité dont ils m'ont fait bénéficier.

Le soir même, je débarque à Paris, gare de Lyon. Nous sommes le 22 novembre 1972 : j'ai vingt ans et des poussières et plein d'histoires juives dans la tête.

Comme celle de cet homme qui rentre à la maison et annonce à toute sa famille :

« J'ai acheté un billet de loterie et j'ai le fort pressentiment que c'est un billet gagnant. On va acheter une Cadillac rouge, décapotable. Je vais me mettre au volant, oncle David s'installera à ma droite, et Moshe sur la banquette arrière...

– Je ne suis pas d'accord, intervient Moshe, c'est moi qui m'assois à côté de toi !

– Non !

– Si !!!

– Écoute, Moshe, puisque c'est comme ça, tu sors tout de suite de ma voiture ! »

Pour le moment, je suis loin de rouler en Cadillac. Je n'ai même pas de quoi acheter un billet de loterie.

Banc public

Ma première nuit parisienne, je la passe sur un banc du magnifique jardin des Tuileries, avec le ciel pour seule limite. Sans domicile fixe.

Je ne sais pas ce que vous auriez fait en pareil cas, mais le premier réflexe qui me vient le lendemain matin, en l'absence de tout contact dans cette ville inconnue, c'est de me tourner vers les miens, autrement dit vers la communauté russe de Paris. C'est ainsi que je tombe sur un exemplaire de la *Pensée russe*, un petit journal publié toutes les semaines et diffusé dans toute la France. Entre deux placards publicitaires destinés à attirer le chaland vers « le meilleur borchtch[1] » de la capitale, une petite annonce attire mon regard :

« Peintre en bâtiment effectue tous types de travaux, rapide et pas cher. Contactez Vassili Andreïev. »

Je n'ai jamais tenu un pinceau de ma vie, mais je décide de tenter ma chance et de composer le numéro de téléphone. Un homme me répond en russe et me fixe un rendez-vous pour le lendemain, à 6 heures, dans un café de la porte de Saint-Cloud : Les Trois Obus.

À l'heure dite, au petit jour, il est là, planté devant le comptoir, un café et un verre de calva à portée de main. Les présentations sont rapides. Mon homme providentiel a déserté les rangs de l'Armée rouge en 1945, alors que son régiment était positionné à Berlin. Il a besoin de renfort pour ses chantiers. Moi, j'ai juste besoin de gagner quelques sous pour ne plus dormir dehors.

C'est ainsi, le temps d'un petit noir au comptoir, que je suis promu peintre en bâtiment. Les clients de Vassili Andreïev sont tous des gens aisés chez lesquels je ne serais jamais entré autrement qu'en habit de peintre. Mon rouleau à la main, je découvre la vie des Parisiens comme je ne l'ai jamais imaginée. Je les regarde vivre pendant des heures, bientôt convaincu que l'escabeau est l'un des meilleurs postes pour qui souhaite observer les

---

1. Plat traditionnel russe à base de betteraves.

comportements des êtres humains. Je suis là, chez eux, en plein milieu du couloir ou du salon, mais perché à une hauteur suffisante pour qu'ils m'oublient. Je les écoute. Je les épie discrètement entre deux couches de peinture. Je les regarde manger, s'engueuler. Je suis tellement transparent pour eux qu'ils ne font plus attention à ma présence. Je compte pour rien dans leur vie, mais je campe bel et bien au milieu de leur intimité. Je suis le « connard » sur son escabeau, le type qu'on ne « calcule » pas, l'étranger devant lequel on n'hésite pas à appeler son avocat, à passer un coup de fil à sa maîtresse ou à parler de ses affaires.

On m'aurait annoncé qu'un jour je me familiariserais de cette façon avec la vie à l'occidentale, je ne l'aurais certainement jamais cru !

Ma volonté de réussir vient en partie de cette longue période d'immersion chez les « riches ». Plus tard, dès que possible, je m'en convaincs, c'est dans ces beaux quartiers que je voudrai m'installer. Comme ces bourgeois qui évoluent à mes pieds, je viserai le dernier étage, en duplex si possible, avec terrasse de préférence. Comme eux, j'inscrirai mes enfants à l'école active bilingue. J'aurai plutôt une Mercedes qu'une Renault, et évidemment une résidence secondaire ! Dès que j'en aurai les moyens, j'irai commander des vêtements sur mesures chez Hermès ! N'y a-t-il pas plus sûr moyen de se fondre dans une population, de se faire accepter d'elle, que d'adopter ses comportements et ses codes ?

En attendant, mon stage intensif se prolonge. Je m'intéresse aux chemises que portent les hommes, à la façon dont ils choisissent leur cravate et la nouent, à la couleur de leurs chaussures. Je suis attentif à la façon dont ils assortissent les couverts aux nappes, les jours de réception. Je n'oublie pas d'ausculter les petites et grandes faiblesses de ces gens aisés. Je déchiffre aussi leurs caprices, leurs manies, leurs obsessions, tandis qu'avec Vassili nous devons repeindre les murs d'un vestibule d'un bleu très particulier, celui du ciel de Mykonos, l'île grecque où le propriétaire des lieux, notre employeur, vient de passer ses vacances estivales.

Je fais en même temps mes classes d'apprenti décorateur, sans savoir que la décoration deviendra bientôt l'un de mes hobbies. Je découvre également les pratiques et les dessous du marché de l'immobilier. Le peintre apporte forcément de la valeur aux appartements qu'il retape. Quelques coups de pinceau et le studio que vous venez d'acheter peut se revendre bien plus cher, par la seule grâce de sa nouvelle apparence. Dès que l'occasion s'en présentera, j'achèterai une petite surface à crédit et la revendrai le plus vite possible, refaite à neuf. En attendant de me transformer en spéculateur, nous nous lançons dans un chantier de plusieurs mois : la rénovation de l'église orthodoxe de Boulogne. Dans la foulée, certain d'avoir fait le tour du sujet, je tourne la page « peinture ».

Sandwich tunisien

Je ne me lasse pas du jardin des Tuileries, mais plus pour y dormir, juste pour me détendre – j'ai depuis longtemps découvert le bonheur que l'on peut éprouver à simplement dormir sous un toit, au chaud, loin de la pluie. J'arpente régulièrement les Grands Boulevards dans les deux sens. Je m'émerveille en remontant cette avenue des Champs-Élysées qui nous a fait tant fantasmer au fil de notre enfance moscovite.

Je fais parfois des rencontres étranges, comme celle de ce clochard assez propre et soigné qui se révèle issu d'une famille noble de Russie. Je le croise la première fois sur les Grands Boulevards, près de l'académie de billard. Il a tout perdu au jeu mais parvient malgré tout à m'attirer jusqu'à la roulette, où je me retrouve à miser avec lui. J'ai 21 ans, il en a 50 et nous nous asseyons sur un banc pour regarder les gens défiler. L'homme est né en France mais parle parfaitement le russe, et nous nous entendons comme larrons en foire.

Je fréquente assidûment les salles de cinéma et me passionne bientôt pour les films d'arts martiaux, très à la mode à cette époque. Un sandwich tunisien du côté de la rue Montmartre, l'un des quartiers généraux de la communauté juive dans la capitale, un film, et me voilà comblé pour l'après-midi. Je finis d'ailleurs par m'inscrire dans un club par l'intermédiaire d'une association juive, pour apprendre le karaté que je pratique encore quarante ans plus tard – j'ai chez moi, à Moscou, une salle d'entraînement conçue selon le modèle chinois et, au-delà du sport lui-même, c'est une culture que je respecte énormément.

Nul besoin d'être français pour être parisien ! Je suis comme chez moi dans cette ville, où je me sens aussi à l'aise qu'à Moscou. J'observe avec délectation l'architecture. Je découvre dans les musées ces meubles magnifiques qu'un jour je me mettrai à collectionner...

L'apprentissage du capitalisme sauvage

Je passe d'un petit boulot à un autre, sans véritable but. Je travaille quelque temps comme vendeur dans une épicerie russe pour laquelle travaille un vieil homme arrivé de Moscou pendant la révolution, dont la hantise est de confondre un jour « hareng » et « orange » et de servir du poisson à un client qui demanderait des fruits. Le bœuf Stroganoff tient parfois plusieurs jours en vitrine, jusqu'au moment où il finit sous forme de pirojkis[1], non sans avoir été abondamment rincé sous l'eau du robinet.

J'abandonne bientôt cette boutique « de luxe » pour entrer au service d'un vieux Juif marocain qui

---

1. Petits pains fourrés à la viande.

vend des tapis dans le quartier du Sentier, haut lieu parisien de la confection séfarade : je passe mon temps à dérouler les tapis pour les présenter aux démarcheurs kabyles. Le fils du patron rêve de faire le beau dans l'import-export et loue bientôt des entrepôts du côté de la porte de Gentilly. Il se lance dans le commerce de pièces détachées pour automobiles, avec un penchant pour les gadgets de frimeurs : warning, phares antibrouillard, phares longue portée... Pour faire baisser le coût de la prime d'assurance, ce jeune patron a besoin d'un gardien de nuit ? Me voilà installé dans un petit studio juste au-dessus de l'entrepôt. C'est là que je fais ma première véritable expérience « industrielle ».

Le fils du vendeur de tapis a acheté des kilomètres de fil électrique et des kilos de cosses pour monter des phares manuellement et les mettre en boîtes. Je lui propose de remplacer ses ouvriers italiens par des Russes, payés nettement moins cher. L'affaire tourne à plein. Nous livrons notre marchandise par camions aux grandes surfaces.

Entré comme gardien je me vois bientôt proposer la place de chef. Je suis quelque temps dans la peau du terrible « bosco » rencontré à l'époque où je dégazais des cargos : tel Karabas Barabas, célèbre marionnettiste, je mets tout le monde au boulot dans la maison. Jusqu'au jour où mon patron découvre que je suis devenu beaucoup trop indispensable, étant à même de maîtriser la chaîne de production. Il recrute un jeune homme pour me seconder, avant de tout faire pour provoquer mon départ, par crainte sans doute que je ne le supplante.

Videur

J'apprends sur le « tas », comme on dit, mais je ne pense qu'à cette femme que j'ai laissée à Moscou et dont je suis amoureux depuis l'âge de 16 ans. Je dépense tout mon argent en téléphone, et chaque semaine qui passe, je suis de plus en plus persuadé qu'elle doit me rejoindre. Son père sent d'ailleurs bien qu'elle finira par le faire. Il sait que ce départ lui coûtera son poste de directeur de maternité, et certainement sa place au sein du Parti, mais il tente généreusement de me venir en aide comme il le peut. C'est ainsi qu'il se tourne vers l'une de ses relations, un homme d'une certaine importance appelé Georges Kastakis. Agent d'influence d'origine grecque, ce grand collectionneur de tableaux a l'avantage et le privilège de voir défiler chez lui la plupart des hôtes de marque qui font escale à Moscou. C'est à l'occasion de l'une de ces visites semi-officielles qu'il a fait la connaissance de Samuel Pisar, l'un des plus jeunes survivants de l'holocauste, avocat international et ancien conseiller du président américain démocrate John F. Kennedy.

Désormais installé à Paris, il serait disposé à s'entretenir avec moi, il suffit que son ami Kastakis le lui demande.

Samuel Pisar me reçoit une première fois dans ses bureaux de la place de la Madeleine, où le confort des fauteuils en cuir impressionne le jeune homme désargenté que je suis. Le démocrate américain m'invite ensuite à déjeuner chez lui, près de la tour Eiffel, et la question finit par venir sur la table : « Comment puis-je vous aider ? »

Je ne peux que lui dire la vérité et lui avoue que je ne sais malheureusement pas faire grand-chose. Bien plus tard, il dira à qui voudra l'entendre qu'il m'a « mis le pied à l'étrier », mais, en vérité, il ne m'a été d'aucune utilité – d'une façon générale, je n'attends rien des gens... Parmi ses nombreuses relations, Georges Kastakis compte également une avocate très active dans le soutien aux intellectuels chassés des États-Unis pour cause d'accointances supposées avec le communisme, maître Suzanne Wolf. Elle m'incite à me rapprocher d'un réseau d'éducation juif disposant d'une antenne à Montreuil, dans la banlieue parisienne.

« Pourquoi ne pas t'inscrire, me suggère-t-elle ? Non seulement tu recevras une formation, mais tu toucheras un petit salaire. »

Je l'écoute et c'est ainsi que je passe bientôt un BTS d'électronique. J'apprends le maniement du fer à souder et quelques techniques encore assez primitives en informatique, tout en travaillant deux soirs par semaine, le vendredi et le samedi, dans une discothèque plantée en plein milieu du bois de Vincennes, le Chalet du Lac, où une autre organisation juive m'a trouvé un emploi de videur. Un job aussi lucratif que torride : je suis très correctement payé, mais il ne se passe pas un week-end sans qu'éclate une énorme bagarre.

« *Tu as ce que tu gardes* »

En janvier 1975, ma future femme, étudiante en médecine, reçoit enfin son visa de départ : déchue de sa nationalité, elle est autorisée à quitter l'Union soviétique.

En guise de représailles, son père est évincé comme prévu de la maternité dont il avait la charge. Irina s'envole aussitôt pour Vienne, comme moi trois ans plus tôt, où je décide de la rejoindre. Son père songe à faire lui aussi ses bagages.

Encore clandestin, je suis dépourvu de tout passeport. J'ai par ailleurs juste assez d'argent en poche pour gagner clandestinement l'aéroport où elle doit atterrir, en Autriche. Comment rentrerons-nous jusqu'à Paris ? Pour le moment, mon seul désir est de la retrouver, et lorsque je vois débarquer la foule des émigrés russes à la sortie de l'avion, je me glisse discrètement parmi eux, avant de monter dans le bus qui les conduit en ville. Comme si j'étais l'un d'entre eux.

On nous attribue une chambre d'hôtel, mais nous ne sommes guère avancés : je rêve de ramener Irina en France. Son père l'appelle, un peu inquiet parce qu'elle n'a que 22 ans et que je ne passe pas à ses yeux pour le plus sérieux des garçons – je crois même qu'il me considère comme quelqu'un d'assez farfelu, ce qui est probablement la vérité.

Au troisième jour, les agents chargés de notre sécurité s'aperçoivent de la supercherie : si leur compte est bon, il y en a un de trop parmi nous. Je me porte volontaire pour chercher l'intrus avec eux, mais finis par être trahi par mes connaissances linguistiques. Alors qu'on nous sert le petit déjeuner, ils découvrent que je suis le seul à connaître le nom allemand du fromage blanc que l'on nous sert : le *topfen*. Je suis aussitôt mis à la porte de l'hôtel.

La moitié des émigrés russes sont bientôt embarqués dans un avion à destination d'Israël, tandis que l'autre moitié est acheminée en train jusqu'à Rome, où une agence doit s'occuper de leur trouver des papiers pour entrer dans les autres pays occidentaux susceptibles de les accueillir. Je me débrouille pour m'introduire dans le train qui s'arrête à une centaine de kilomètres de sa destination finale. La crainte d'attentats terroristes est à son comble depuis le coup de force des activistes palestiniens contre les athlètes israéliens, en marge des Jeux olympiques de Munich, aussi la fin du voyage s'effectuera-t-elle en autocar.

Nous débarquons à Ostie, dans la banlieue de la capitale italienne, où je trouve rapidement un petit boulot dans le bâtiment, comme maçon. Avec mon premier salaire, je loue un modeste appartement, et comme je suis le seul à avoir une expérience européenne, je deviens une sorte de guide interprète pour la communauté des candidats à l'exil venus de Moscou.

Cette situation ne peut durer : je décide de rentrer à Paris pour y préparer la venue de ma compagne.

De nouveau, mon beau-père me donne un important coup de pouce en me présentant à la fille d'un général du KGB mariée à un dirigeant du Parti communiste nicaraguayen, prénommé Gonzalo. Très active et très éduquée, cette Russe enseigne l'anglais et compte parmi ses élèves l'une des directrices du Pré Catelan, un lieu huppé implanté en plein cœur du bois de Boulogne, où je suis recruté comme plongeur.

Après l'escabeau au salon, je découvre la vie côté cuisine. La restauration, c'est un peu comme l'armée : du chef de rang au maître d'hôtel, la hiérarchie est très stricte et tout le monde est aux ordres. J'ai parfois l'impression d'entendre le « bosco » nous donner ses consignes, mais le sommelier nous gâte et nous mangeons comme des rois.

Logé sur place, je bénéficie de toute la bienveillance de la directrice, jusqu'au jour où le sandiniste nicaraguayen et son épouse me laissent le petit studio qu'ils occupaient rue de la Faisanderie, non loin de cette place Victor-Hugo qui m'attire décidément comme un aimant. Démuni de toute vaisselle, je rapporte dans mon nouveau chez-moi quelques assiettes aux couleurs du Pré Catelan, non sans penser très fortement à ce vieux proverbe soviétique : « Tu as ce que tu gardes. »

Lorsque je retournerai dans ce restaurant dix ans plus tard, en famille et cette fois comme client, j'aurai ainsi droit à cette réflexion amusée de la part de ma fille :

« C'est drôle, papa, on a exactement la même assiette à la maison ! »

Lapin aux pruneaux

Disposant désormais d'un emploi stable et d'un toit, je repars pour Rome avec l'intention de ramener ma promise à Paris. Comment s'y prendre, alors que nous ne disposons ni l'un ni l'autre de papiers en règle ? Selon un plan mûrement réfléchi, nous embarquons dans un train à destination de la France, sauf que nous descendons à Vintimille, juste avant le passage de la frontière. Sans bagages, l'air le plus naturel possible, nous nous fondons alors dans la foule des travailleurs journaliers et achetons deux billets de train pour Menton, première grande gare en territoire français. Pour tromper les éventuelles surveillances, nous montons dans un train qui s'apprête à partir pour l'Italie, puis j'ouvre la porte côté voie et nous ressortons du wagon, profitant d'un instant d'inattention du douanier en faction.

Lorsque le convoi s'immobilise en gare de Menton, nous sommes les premiers à sortir. Quelques pas et nous voilà à bord d'un trolley roulant en direction de Monaco.

Je me souviens parfaitement d'avoir ramassé une pièce de dix francs abandonnée sur le trottoir, alors que nous nous apprêtions à prendre à Nice un train pour Paris. Je me souviens également comment je l'ai dépensée : avant de gagner le studio avec ma promise, j'ai effectué un crochet par le drugstore des Champs-Élysées, la seule épicerie encore ouverte, où j'ai acheté pour notre dîner des quenelles de brochet en conserve.

Nous nous installons bientôt, ma femme et moi, dans le quartier de l'Odéon, rue des Grands-Augustins exactement, juste au-dessus d'un restaurant dont je n'ai pas oublié le nom : Roger la Grenouille. Nous sommes en plein dans les années reggae et ce secteur très prisé des étudiants est excessivement bruyant. Le coiffeur du coin de la rue pousse les capacités de son amplificateur stéréophonique au-delà du raisonnable, et tout le pâté de maisons s'égaye de musique. C'est dans ce petit appartement que nous accueillons notre fils, en 1976, après l'accouchement de ma femme à la maternité de Port-Royal. J'ai 24 ans, et pour gagner un peu plus d'espace, nous déménageons comme beaucoup de familles vers la banlieue. Nous atterrissons dans un petit immeuble propre et moderne qui fait la fierté de ses propriétaires, sur la commune de Maisons-Alfort.

Le départ de sa fille préférée a énormément fragilisé mon beau-père. Sa carrière de gynécologue a été stoppée net, et voilà qu'à 57 ans il décide à son tour de quitter l'Union soviétique, avec son épouse, et de tenter une nouvelle carrière à Paris. Il ne parle pas très bien le français, mais son ambition compense cette lacune et il trouve bientôt un poste à la maternité... de Port-Royal, non sans avoir fait valider ses diplômes russes.

Mes beaux-parents s'installent quelque temps avec nous à Maisons-Alfort, et moi, je ne vais pas tarder à trouver ma voie : la traduction, un métier que je vais exercer pendant plus de dix ans. Mon BTS d'électronique en poche, j'aurais dû devenir ingénieur à la SNCF, mais les rencontres en ont décidé autrement. Sur les bancs de l'école, j'ai fait la connaissance d'un Juif polonais dont la sœur a épousé un Juif russe prénommé Boris. Ce jeune homme habite un immeuble plus ou moins à l'abandon, dans le XVe arrondissement. Il pirate comme il peut son électricité et se nourrit plutôt bien des produits invendus récupérés à la fin du marché qui se tient plusieurs jours de la semaine en bas de chez lui. Il me fait découvrir la recette du lapin aux pruneaux et commence par m'emprunter de l'argent. Je lui trouve un petit boulot d'assistant peintre, mais il n'est pas vraiment doué pour ça, jusqu'au jour où je découvre qu'il gagne près de 10 000 francs par mois en traduisant des textes techniques. Si Boris touche autant d'argent, lui qui passe pour un vrai flemmard, alors je vais gagner cent mille francs par mois ! C'est le calcul que je fais à la veille de me lancer dans le métier.

50, avenue des Champs-Élysées

Renseignements pris, je ne tarde pas à trouver un poste de traducteur salarié à la Régie Renault. Le chef du service des traductions, composé d'une dizaine d'employés, est un Africain originaire du Bénin formé en Russie et marié à une Russe. Nous sympathisons autour d'un bon plat et je tente d'étudier avec lui la meilleure façon de me mettre à mon compte. Mes calculs sont simples. Une traduction est payée au mot. Une page, c'est environ deux cents mots, facturés autour de 100 francs. Comme tout est à faire dans l'urgence, il faut une cinquantaine de traducteurs pour mettre au propre mille pages dans la nuit. Si le chef me donnait la documentation quelques jours plus tôt, on pourrait déjà commencer par prendre de l'avance et facturer le travail au tarif de nuit...

En attendant que mûrissent nos projets, je peaufine mon éducation technique et fais quelques rencontres étonnantes. À l'occasion d'un contrat d'exportation de fourgons blindés vers la Russie, je fais la connaissance d'un ingénieur d'origine russe, qui m'invite à lui rendre visite dans son village normand, à une vingtaine de kilomètres de Deauville. Il a parlé de ma venue à l'un de ses voisins et nous voyons bientôt arriver un vieux monsieur qui baragouine quelques mots en russe. Envoyé sur le front pendant la Première Guerre mondiale, sous l'uniforme de l'armée russe, il a déserté alors qu'il traversait ce petit village, où il a choisi de rester. Il a trouvé un boulot d'employé agricole dans une ferme où il a rencontré une femme avec laquelle il a fait sa vie. Il n'a jamais cherché à obtenir de papiers d'identité et, à ma grande stupeur, il n'est jamais vraiment sorti de ces verdoyants bocages...

Je pousse bientôt les portes du groupe de constructions mécaniques Creusot-Loire, un pilier de l'industrie française qui dispose de bureaux près du Trocadéro, à Paris. De grands projets commencent à voir le jour dans les secteurs gazier et pétrolier et la gigantesque documentation technique qui accompagne la moindre pièce doit être traduite intégralement. Je me débrouille pour nouer un lien privilégié avec le chef du bureau d'études de l'entreprise, un Bourguignon par ailleurs éleveur de bovins prénommé Robert. Alors que se profile la construction du premier gazoduc entre la Sibérie occidentale et l'Europe, je le convaincs lui aussi de travailler directement avec moi. Ce sont des dizaines de milliers de pages qu'il faut traduire pour accompagner la livraison des stations de compression *made in France*.

J'engage des dizaines de traducteurs. Et, tous les matins, conformément à ce que m'a appris l'observation des autres, je prends le temps d'assortir mes boutons de manchettes à ma chemise. N'est-ce pas la meilleure façon d'honorer ce premier gros contrat, moi qui avais encore les mains dans la peinture il n'y a pas si longtemps ?

Le chef des achats de Creusot-Loire m'embarque bientôt avec lui dans sa tournée des sous-traitants, aux quatre coins de la France, au volant d'une puissante Renault 30. Cigare au bec en permanence, il me fait passer pour le futur acheteur russe, sans savoir qu'un jour je vais vraiment acheter ces machines pour les exporter vers Moscou…

En attendant, j'ouvre mes propres bureaux en choisissant avec soin l'adresse : 50, avenue des Champs-Élysées, à l'angle de la rue du Colisée. L'adresse est plus importante que la taille des locaux. « Traduction Gaydamak », telle est mon enseigne. Pour me faire connaître, je me paye une page de publicité entière dans l'annuaire téléphonique, encore très consulté à l'époque. Je suis le seul salarié de la société, épaulé par une ou deux secrétaires. Je me spécialise dans la traduction des notices qui accompagnent les produits manufacturés à l'exportation. L'avantage, c'est la quantité : vous traduisez une fois la notice, mais vous la facturez autant de fois qu'il y a de machines commandées, en changeant simplement le numéro d'identification en haut de la première page. Difficile de trouver plus rentable, mais, attention : la moindre virgule a un sens.

Des pages par milliers

La langue est un outil, un peu à la manière d'un saxophone : elle ne sert à rien si vous ne savez pas en jouer, autrement dit si vous ne maîtrisez ni les silences, ni les intonations, ni la ponctuation.

Telle que je la vis tous les jours, la fonction d'interprète consiste essentiellement à mettre en relation deux parties, dont chacune dispose de solides connaissances techniques, mais qui ne parlent pas la même langue. En réalité, chacun a tendance à se prendre pour un génie du moteur hydraulique ou de la chaudière à gaz, mais à force, je sais exactement ce qu'ils vont dire avant même qu'ils ouvrent la bouche... Je sais aussi qu'ils finiront dans la plupart des cas par signer leur contrat et je m'emploie à aller droit au but, en évitant de traduire les phrases inutiles et fastidieuses qui ne feraient que retarder un accord.

« Avec Gaydamak, on arrive très vite à conclure ! » proclament bientôt mes clients à l'unisson.

L'art de la traduction n'est pas très éloigné de l'art de la communication. Servir d'interprète, c'est aider les personnes en présence à faire passer leurs idées, à plaider leur point de vue. Cet entraînement intensif me servira évidemment au moment de négocier la libération des otages français, mais également à l'heure de signer mes premières grosses affaires.

Le problème de ce métier, c'est que vous ne pouvez pas vraiment établir de calendrier. C'est toujours au dernier moment que l'industriel pense à la traduction, à commencer par celle des contrats, la veille de les signer.

Un chef d'entreprise apprend qu'il va vendre un ordinateur à l'étranger ? C'est tout de suite des milliers de pages qu'il faut traduire pour le lendemain. Je dois alors mobiliser dix, vingt, trente traducteurs, toujours dans le stress. Mais c'est en honorant ce genre de commandes sans forcer sur les tarifs que je me fais une image de marque.

Aller vite ne suffit cependant pas. Il faut aussi soigner le travail. Quand on vous livre une nouvelle machine que vous ne connaissez pas, vous allez directement chercher le mode d'emploi. Il doit être à la fois très clair et très précis, sinon il est inutile. Bien des traducteurs, sur le marché, ne se sentent pas aussi responsables que moi : même si le texte original n'est pas parfaitement clair, je m'emploie à corriger le tir en écrivant. Les industriels finissent par se passer le mot : si vous voulez promouvoir correctement un produit, passez par Gaydamak, il maîtrise son sujet. Je finis même par le dominer mieux que ceux qui écrivent les notices, à force de fréquenter les ateliers où j'accompagne de nombreux ingénieurs soviétiques en stage. À la fin de leur période de formation, je connais les machines par cœur, jusqu'au moindre disjoncteur magnétique ! Ne serait-ce pas là le summum de la traduction ?

Mes affaires tournent de mieux en mieux. Depuis mes bureaux, je supervise en moyenne la traduction d'un bon millier de pages par jour, ce qui me permet bientôt d'encaisser autour d'un million de francs par mois, des sommes qui m'auraient semblé astronomiques quelques mois plus tôt. De l'allemand ? Du japonais ? Je prends tout, sans rechigner. C'est à faire dans la journée ? Je dis toujours oui. Et en plus, chez moi, c'est toujours 10 % moins cher que chez le moins cher des traducteurs. Mon secret, c'est la sous-traitance. Les marges gonflent et je suis bientôt en mesure d'acheter mon premier appartement digne de ce nom à Paris.

Un jour, parce que leurs locaux ne sont pas très loin des miens, je vois arriver dans mes bureaux de l'avenue des Champs-Élysées Serge et Beate Klarsfeld, les célèbres chasseurs de nazis. Probablement sont-ils sur une piste sérieuse du côté de l'Amérique latine, où se cachent un certain nombre d'anciens piliers du régime nazi, parce que c'est d'une traduction en espagnol qu'ils ont besoin. Bien au-delà de cette mission, je vais sympathiser avec eux et les assister dans leur travail.

CHAPITRE 5

Des Soviétiques à Antibes

Convocation à la DST

Au début des années 80, je suis convoqué pour la première fois dans les locaux de la DST, le service de contre-espionnage français, alors spécialisé dans la détection des ingérences soviétiques sous toutes leurs formes. Un Russe à Paris, en contact avec des quantités de Soviétiques de passage, c'est forcément une cible pour un tel service et plusieurs émissaires sont déjà venus au contact, à commencer par le commissaire Raymond Nart, que je retrouverai bien plus tard dans les affaires d'otages.

Cette fois, je suis sommé de me rendre sur leur terrain. Je me souviens précisément de l'endroit, au deuxième étage d'un immeuble de la rue d'Argenson, pas très loin de la place Beauvau. Par la fenêtre, en se penchant un peu, on peut apercevoir l'enseigne d'une société d'assurances maritimes, la Black Sea Insurance Company, où travaille alors, pour la petite histoire, un certain Serguei Kaousov, personnage débonnaire et sympathique, mari (chanceux et envié) de la fille de l'armateur grec Onassis... et membre du GRU, le service de renseignement militaire soviétique – un homme dont je relève au passage la prouesse, lui qui a su, en quelques semaines à peine, s'approprier la plus grande flotille pétrolière mondiale, conformément au vœu formulé par le Parti. Pour en terminer avec les étranges coïncidences, j'ajouterai que travaillait également au sein de cette compagnie un certain Sergueï Oslikowski, fils de général et lui-même amiral, membre lui aussi du GRU, avec qui je ferai bientôt connaissance et qui m'introduira auprès de l'un des futurs piliers du paysage politique russe, Andreï Vavilov.

L'accueil que me réservent les agents français n'est pas hostile. Mes deux interlocuteurs, un commissaire et un inspecteur, d'après ce qu'ils me disent, sont même plutôt affables, comme il sied dans ce monde. La question qu'ils entendent me poser est cependant assez brutale, comme s'ils connaissaient déjà la réponse :

« Monsieur Gaydamak, pourriez-vous nous dire quel est votre vrai nom et nous donner votre grade, s'il vous plaît ? »

Pas besoin de me faire un dessin pour que je comprenne que la DST croit détecter en moi un agent infiltré par le KGB sur le territoire français. Pour eux, cela ne fait même aucun doute, mais je suis bien obligé de les décevoir.

« Vous savez, leur dis-je, quand je dormais sur un banc des jardins des Tuileries, personne ne m'a rien demandé, ni mon nom, ni mon grade. J'ai même trouvé les gens assez indifférents à mon sort. »

Jeune entrepreneur issu de l'Union soviétique, je catalyse à présent tous leurs fantasmes. J'ai le défaut de vivre confortablement. Arrivé pieds nus (au sens propre) dans le pays moins d'une dizaine d'années auparavant, je me suis enrichi. Je suis propriétaire de mon appartement à Paris, dans le XVIe arrondissement, je roule au volant d'une Mercedes et je vis très correctement, sans me cacher. Je ne suis pas le seul dans ce cas, mais j'ai un handicap par rapport aux autres : je suis russe et je fréquente beaucoup de Soviétiques, alors ma réussite financière – je paye beaucoup d'impôts au regard de mon jeune âge, circonstance évidemment aggravante – est forcément suspecte à leurs yeux.

Nous nous quittons cependant en assez bons termes. Mes deux interlocuteurs me semblent d'autant plus rassurés que je leur promets de les tenir informés si quelque chose de douteux parvenait à mes oreilles. Je sais qu'ils ne font que leur travail, comme le faisait déjà Raymond Nart lorsqu'il est venu à ma rencontre, alors que je démarrais dans le métier de traducteur.

Mai 1981 et l'arrivée au pouvoir du socialiste François Mitterrand en France change quelque peu la donne. Je sens le vent de panique que lève dans les rangs de la bourgeoisie française la présence de ministres « rouges » au sein du gouvernement. Craignant moi aussi de me retrouver du jour au lendemain dans un pays communiste, je décide d'aller humer l'air canadien en famille et de me lancer dans les affaires outre-Atlantique. Je rachète plusieurs agences de traduction à Montréal, Toronto et New York, et le succès est au rendez-vous. Mais Paris me manque et j'ai une folle envie de flâner à nouveau entre les étals du marché de la rue des Belles-Feuilles, dans le XVIᵉ arrondissement.

Lorsque je décide de mettre fin à cette aventure américaine, j'ai obtenu la nationalité du pays, accordée sans délai pour avoir créé un grand nombre d'emplois.

La discrète surveillance de la DST peut reprendre. Elle ne m'empêche pas de continuer ma vie à Paris. Je me sépare ainsi de l'appartement de la villa Aublet, dans un coin chic du XVIIᵉ arrondissement, pour acheter un appartement plus confortable de la rue Louis-David, non loin de la place du Trocadéro. Bon calcul, puisque la cession de ce bien me permettra de devenir le propriétaire, en 1989, d'un appartement avenue Raymond-Poincaré. Mais mauvaise pioche, dans la mesure où cet investissement sera bientôt à l'origine de mes ennuis avec la justice française, comme si tout l'argent que j'avais gagné dans ma vie était forcément illicite, et toutes mes acquisitions frappées du soupçon de blanchiment...

Mais nous n'en sommes pas là, et le fisc français ne m'a pas encore choisi pour cible privilégiée. Les nouvelles sont même plutôt bonnes, puisque, après le Canada, la France accepte de prendre en considération ma demande de régularisation administrative. Le hasard veut que les choses se concrétisent alors que la droite est de nouveau au pouvoir, et c'est Robert Pandraud, alors ministre délégué auprès de Charles Pasqua, ministre de l'Intérieur, qui signe le décret qui me fait citoyen français, en 1986. Un hasard dont certains s'empareront, quand je me retrouverai dans la tourmente des affaires, pour prétendre que je ne méritais pas cette carte nationale d'identité, voire que je l'aurais monnayée, ce qui est farfelu et insultant.

Vieil armagnac

Considéré comme une forme de paria, moi qui ai tourné les talons à l'âge de vingt ans, je suis toujours *persona non grata* auprès de l'ambassade d'Union soviétique à Paris. Je parviens cependant à me rapprocher de la chambre de commerce franco-soviétique, une institution plus ouverte, par ailleurs considérée par les services français comme un réservoir d'espions et autres agents d'influence. Cette chambre de commerce, domiciliée à deux minutes de mes bureaux, édite plusieurs revues dont j'assure bientôt la traduction. C'est pour moi une carte de visite de plus, et l'on me présente de plus en plus de gens qui comptent à Moscou.

Je saisis l'opportunité de ces nouvelles commandes qui m'arrivent pour m'initier à la traduction des slogans publicitaire, un art à part entière ; je passe des heures à manier quelques mots et concepts, jusqu'à trouver le petit soupçon de frivolité qui permettra de vendre le produit aux consommateurs. Je profite surtout pleinement de mes liens avec cette « officine » pour pousser quelques pions et m'infiltrer entre les solides barrières qui encerclent l'URSS. Un voyage en France est toujours une forme de récompense pour les hommes que l'on me présente. C'est même un privilège absolu, un privilège que vous ne pouvez pas acheter, quels que soient les moyens dont vous disposez. Dans votre vie, vous avez commencé par échapper au camp de travail. Vous avez ensuite obtenu la permission d'aller acheter de la nourriture dans un magasin inaccessible. Vous avez été doté d'un logement privé avec une serrure et une clef pour fermer correctement la porte, tandis que d'autres sont condamnés à vivre « porte ouverte ». Il ne vous reste qu'à obtenir le visa qui vous permettra de voyager à l'étranger : ce séjour vous installera définitivement dans la classe sociale supérieure.

Les responsables soviétiques à qui j'ai affaire viennent officiellement pour des « missions d'inspection », mais ce n'est le plus souvent qu'un prétexte. Le rendez-vous professionnel organisé avec des entrepreneurs français est sérieux, mais il est rapidement évacué. Si l'on vous a donné un passeport, un peu d'argent et un billet d'avion, c'est surtout pour que vous alliez faire du shopping. Le budget consenti est évidemment limité, mais je suis là.

Au fil des sorties en ville, je complète le pécule s'il le faut et règle évidemment l'addition dans les restaurants les plus chers, avant de raccompagner mes hôtes au volant de ma Mercedes, créant avec les uns et les autres des liens solides et fidèles.

Pour le patron de la chambre de commerce, Igor Nagorny, ma présence et mon investissement sont évidemment tout bénéfice, et pas seulement parce qu'il adore le vieil armagnac servi autour de ces bonnes tables. Le système soviétique commence certes à être mis à mal de l'intérieur, mais le bon écho propagé par mes visiteurs, ravis d'avoir été accueillis de la sorte dans la Ville lumière, ne peut que profiter à son déroulement de carrière.

Ma maison à Deauville

Un nouvel ambassadeur est bientôt nommé à Paris par le Kremlin. Le poste pourrait être envié, mais dans le cas de Yakov Raibov, cette promotion est plutôt une retraite dorée. Raibov a effectué une partie de son parcours en Oural, une zone industrielle de l'URSS. Membre du comité central du Parti communiste, il a longtemps été le supérieur direct de Boris Eltsine, un homme qui sera bientôt appelé aux plus hautes fonctions dans le pays. Sa carrière derrière lui, il cherche surtout à passer du bon temps en France, où nous lions connaissance.

Depuis plusieurs années déjà, 1983 exactement, j'ai acquis un appartement à Deauville, dans un immeuble situé face à la plage, non loin de la villa mise à la disposition des visiteurs de marque de l'ambassade soviétique – l'endroit me rappelle cette plage entrevue autrefois dans un film de Claude Lelouch, dont les images sont restées gravées dans ma mémoire. Lorsque Raibov séjourne en Normandie, il nous arrive régulièrement de nous retrouver pour une partie de golf. Durant la semaine, il m'invite souvent à l'ambassade pour des déjeuners privés, au grand dam des tenants de l'ancienne école, encore très présents dans les rangs du personnel diplomatique. Conscient du rejet dont je fais l'objet, il prend cependant quelques précautions. Ainsi est-ce en catimini qu'il me remet le certificat honorifique accordé en signe de remerciement à ceux qui ont fait un geste en faveur des victimes du tremblement de terre survenu en 1987 en Arménie soviétique, où j'ai personnellement envoyé quelques camions chargés de vivres et de matériel. Loin de la réception officielle organisée en faveur des donateurs, il choisit de m'apporter le précieux document à domicile. À l'abri des regards et des critiques.

Coup d'éclat à l'ambassade

Un an plus tard, en 1988, le numéro deux du Parlement russe est à Paris, accompagné d'une forte délégation. Je suis en permanence à leur côté, dans mon rôle de guide, d'interprète et de conseiller culinaire.

« Allons saluer ensemble l'ambassadeur », me lance un jour le chef de la délégation.

À mon approche, les gardes-frontières en poste aux portes de l'ambassade, tous membres du KGB, commencent à chuchoter entre eux. Ils se méfient de ce que je représente, un homme déchu de sa nationalité qui est en train de faire fortune à l'étranger.

« Et maintenant, camarades députés, merci de présenter votre pièce d'identité ! » ordonne celui qui semble être le plus gradé. Sentant venir le mauvais coup, le moment où ils vont me laisser à la porte, j'alerte le député, qui tente de déjouer le piège. « Nous sommes les députés du Parlement russe, proclame-t-il. Ce contrôle est indécent ! C'est un honneur que nous faisons à l'ambassade de vous rendre visite ! Et c'est à nous qu'il revient de choisir nos invités ! Si vous ne laissez pas passer

M. Gaydamak, nous rentrons à l'hôtel ! L'ambassadeur passera nous voir s'il le souhaite ! »

Nous ne sommes pas loin de la fracture qui va définitivement emporter le régime soviétique, mais en attendant, l'ambassadeur profite de cet esclandre pour écarter définitivement ces trop scrupuleux factotums. Le grand ménage ne fait que commencer.

Un Kazakh à Paris

Les informations dont sont porteurs ces hommes importants qui arrivent de Moscou ne sont jamais anodines, dans la mesure où ils occupent tous une place de choix sur l'échiquier politique et social soviétique. J'apprends tous les jours à leur côté. Je grandis avec eux. Je les côtoie depuis le milieu des années 70, et c'est ce qui me permet d'être aux premières loges alors que le système commence à vraiment faiblir. Ce sont également ces fréquentations qui m'ouvrent les portes des états-majors des groupes privés et publics, en même temps que celles de l'administration et de la classe politique françaises. En accompagnant les ministres en visite officielle, je noue des relations privilégiées avec les dirigeants qu'ils sont amenés à rencontrer. Charles Pasqua est l'un d'entre eux. Il est alors au sommet de sa carrière et de son influence, raison pour laquelle je considère comme obligatoire un passage par son bureau.

Le ministre du Commerce extérieur du Kazakh-stan débarque à Paris ? Sa première exigence, ce serait de faire un détour par les Galeries Lafayette pour s'acheter un pantalon.

« On va d'abord rendre visite à Charles Pasqua, lui dis-je.

— Non », répond-il invariablement.

J'insiste.

« C'est qui ? finit-il par demander.

— C'est un homme de droite.

— Le même genre que Thatcher ? demande-t-il.

— Nous sommes en France !

— Et qu'est-ce que je lui dis, à Charles Pasqua ?

— Il y a des hommes politiques artificiels, mais lui c'est quelqu'un de bien ! Tu peux sans difficulté lui parler de coopération, mais aussi d'amitié entre les peuples.

— J'ai mangé une excellente soupe avec Deng Xiao Ping, fait-il.

— Tu ne mangeras pas de soupe avec M. Pasqua, mais on y va ! »

Charles Pasqua, qui se voit un destin national, reçoit ses interlocuteurs étrangers dans son bureau du conseil général des Hauts-de-Seine. Ces rencontres achevées, je traite les visiteurs de mon mieux, en prenant soin de me mettre en valeur comme il faut, histoire de ménager la suite des événements. Ni cet homme politique français ni moi-même ne le savons à cet instant, mais, dans moins de vingt ans, la politique énergétique de la

France dépendra, entre autres, de ces personnages venus de contrées aux ressources naturelles encore insoupçonnées.

Mes liens avec le Kazakhstan ne vont cesser de se renforcer, en particulier avec le président de ce pays, Narsultan Nazerbaïev, un grand homme d'État, si populaire durant les dernières années de l'Union soviétique qu'il aurait pu devenir président de la Russie, bien que non slave. Il n'a pas seulement complètement dénucléarisé son pays : il est l'un des garants de la stabilité en Asie centrale. Lorsqu'il venait me voir à Antibes, il s'intéressait à tout, jusqu'au prix de la baguette de pain.

Franc-maçonnerie

Évidemment, des hommes d'affaires finissent par me proposer d'intégrer la franc-maçonnerie, en 1989. C'est un Roumain, *trader* en métaux, qui m'incite à entrer dans ce cercle, en l'occurrence une loge située à Neuilly-sur-Seine. Nous avons travaillé ensemble et voilà qu'il me parraine.

Je me rends compte assez rapidement que la plupart des gens entrent dans la franc-maçonnerie pour y trouver des avantages. Qu'elle est d'abord une affaire de carnet d'adresses et de relations. Très vite, on me demande d'implanter une antenne à Moscou, ce que je fais. C'est la première

loge qui ouvre ses portes depuis la révolution bolchevique de 1917, et j'attire rapidement à moi un
grand nombre de parlementaires. Le fait d'appar-
tenir à cette loge revêt apparemment pour eux
une grande importance, en fait bien plus que pour
moi !

Mais l'URSS est en train de vivre ses derniers
moments…

CHAPITRE 6

Une révolution sans effusion de sang

Le cirque

Je ne pouvais pas imaginer que j'y retournerais un jour, encore moins que l'union de pays dans laquelle j'avais grandi, l'URSS, serait reléguée au rayon des antiquités. Dès mes premiers voyages, en 1987, je cherche à y développer des affaires. C'est tout à fait irrationnel, mais les stigmates du passé font que je vis alors sans cesse avec la crainte d'une éventuelle arrestation. Elle n'interviendra jamais.

La première activité dans laquelle je me lance vous semblera étrange. J'ai constaté que la Russie disposait de groupes artistiques et sportifs performants dont les membres avaient la possibilité de voyager – un privilège qui renforce leur prestige, et par conséquent leur réussite. Le Cirque de Moscou est l'un d'eux. Il se trouve être l'un des meilleurs cirques au monde, et son directeur, un clown, est une véritable star. Je me rapproche de lui et de sa troupe et me retrouve ainsi en charge des tournées internationales de ce cirque d'État, sous l'égide de l'une des premières entreprises semi-privées jamais créées en Union soviétique.

J'achète des chapiteaux, et nous voilà en route pour l'Allemagne, la Belgique, la Hollande et la France, plus précisément Paris, où nous installons nos quartiers du côté de la porte de Versailles, fin 1987. Le fait que je parle plusieurs langues nous aide énormément, mais je paye aussi de ma personne : s'il le faut, je n'hésite pas à descendre dans la rue, vêtu d'une veste rouge, pour défendre les couleurs du cirque.

Cette couverture, si je puis dire, m'ouvre bientôt des perspectives inattendues pour qui ignorerait le fonctionnement de l'Union soviétique en ce temps-là. Profitant des tarifs préférentiels que m'accorde l'État en temps que nouvel entrepreneur, notamment pour l'approvisionnement en matières premières, je me lance sur ce marché. Le charbon est régulièrement vendu par le ministère du Commerce extérieur aux Occidentaux, mais les acheteurs, propriétaires de cimenteries, de sucreries ou de hauts fourneaux, ont des exigences. Ils veulent le charbon le moins cher possible, mais aussi un fournisseur sérieux, ne pouvant s'autoriser la moindre rupture de stock, sous peine de mettre leur entreprise en péril. Il y a, de toute évidence, une place pour qui sait s'y prendre.

Le charbon, je le découvre, n'est pas une marchandise chère en soi. La tonne se vend alors autour de 50 dollars, mais le transport alourdit l'addition d'au moins 20 dollars. En tant que patron d'un cirque, je bénéficie du transport au tarif soviétique. Je peux donc me permettre de consentir des rabais, et c'est ainsi que je récupère peu à peu des parts de marché. Je deviens notamment l'exportateur attitré du Kazakhstan, une vaste région située dans le sud de la Russie, aux confins de la Chine.

J'élargis dès que possible mes compétences. Je passe à la vente de métaux non ferreux, profitant d'une nouvelle loi qui autorise (une révolution) la création de petites entreprises complètement privées. Le Cirque de Moscou devient « Moscou », une sorte de marque de fabrique sous laquelle je me lance bientôt dans la finance et les supermarchés, deux activités encore très marginales dans le pays. Je prends tout en main, d'un bout à l'autre de la chaîne. J'achète les terrains. Je fais bâtir les entrepôts. Je les équipe, dans un pays où l'on n'a jamais eu besoin de stocker, puisque l'on ne produisait que le strict nécessaire pour nourrir la consommation.

Jamais aucun groupe occidental ne m'aurait suivi dans une aventure aussi périlleuse et improvisée. Je travaille avec les gens sur parole, sans jamais signer le moindre contrat, ce qui me vaut parfois de mauvaises surprises. Un Français, issu d'une vieille famille hexagonale, trouvera ainsi un jour la faille pour s'approprier dans mon dos la première concession Peugeot que j'avais ouverte à Moscou.

Un vol en bonne et due forme, dont la première étape consistera à me faire passer pour... malhonnête.

J'ai cependant quelques avantages, notamment le fait de bien connaître le pays, ses hommes et ses vieux symboles. Je me débrouille ainsi pour être introduit, dès 1988, auprès du directeur du Métropole, cet hôtel où seuls dorment alors quelques privilégiés. Des années ont passé, mais le directeur, Youri Matkow, se souvient encore de la bouteille de porto que nous avons débouchée lors de l'un de ses déplacements à Paris : un cru datant de l'année de naissance de Napoléon. Au nom de ces agapes parisiennes, je deviens le fournisseur attitré de l'hôtel pour ce qui est des denrées alimentaires et des alcools, sans oublier de garnir les vitrines des magasins intérieurs de toutes sortes d'objets pour touristes.

Sus à la nomenklatura !

Je n'ai pas vécu la révolution bolchevique de 1917, mais j'assiste en direct à celle qui conduit à l'effondrement brutal de l'Union soviétique et à l'anéantissement du système, à la fin des années 1980. Probablement la plus grande révolution sans effusion de sang jamais vue dans l'histoire de l'humanité !

Petit retour en arrière. Les années 30 ont été pour ce pays celles de l'enthousiasme en même temps que celles de la répression et de l'écrasement de toute contestation. Avec les années 70, le pays est en quelque sorte entré en stagnation, mais sous la surface gelée de l'idéologie soviétique, pour qui savait regarder, bouillonnaient déjà les vagues d'une société ultralibérale. Derrière le paravent de l'économie de planification s'installe peu à peu un système de marché déconnecté des lois, qui fera bientôt des Soviétiques des hommes d'affaires très avisés.

Les années suivantes voient s'imposer une forme d'évidence : plus personne n'est dupe du fait que la réalité de la vie quotidienne ne cadre plus du tout avec la théorie. Cela ne peut continuer ainsi très longtemps, d'autant que les gens commencent à ne plus tout à fait prendre au sérieux les services secrets censés les contrôler et les réprimer – ils s'en moquent même de plus en plus.

L'arrivée au pouvoir du très sophistiqué Youri Andropov, le dernier vrai secrétaire général du Parti communiste de l'Union soviétique, provoque au milieu des années 80 les premières lézardes sérieuses au niveau des institutions. Officiellement, cet ancien patron du KGB cherche à renforcer le système, mais il prend des risques. Vaille que vaille, il tente de maintenir en vie la vieille idée de confrontation globale avec l'Occident, mais toute l'absurdité d'une idéologie à laquelle plus personne ne croit éclate au grand jour. Alcoolisme, détournements de fonds, corruption, il n'est plus possible de cacher sous le paillasson les maux endémiques de la société soviétique.

Andropov essaye de donner un cadre au flot des critiques qui émergent. Il lance ce qu'il appelle la *glasnost*, un mot que l'Occident a traduit par « transparence » mais qui veut tout aussi bien dire « dénonciation » (littéralement, *glasnost* signifie « parler à haute voix »). Dès 1986, la presse est autorisée à énoncer tout ce qui ne va pas dans le pays, et même à publier la liste des coupables. Les journaux ne sont pas seulement libres de critiquer : ils ont l'obligation de le faire !

Le peuple ne s'y trompe pas et désigne sans aucun mal les fautifs : la nomenklatura, autrement dit la classe dirigeante. Une fois les vannes ouvertes, nul ne peut plus stopper le torrent de critiques. Tous ceux qui disposent d'un peu de pouvoir dans le pays se retrouvent au banc des accusés. Sauf que critiquer les dérives des hommes en poste, attaquer frontalement la corruption, c'est forcément critiquer le Parti lui-même ! Or, le Parti, c'est le cœur du système. Le processus enclenché ne peut que déboucher sur un profond bouleversement, une fois toutes les « déviations » mises au jour.

Youri Andropov meurt au milieu du gué, laissant un Parti exsangue et un pays au bord du chaos. Tout se monnaye. Le fameux ordre communiste n'est plus que désordre. Le système atteint ses limites. Prenez le logement. Il est peut-être gratuit, mais il est minuscule, et pour y avoir accès, il faut donner à celui qui gère la liste d'attente un dessous-de-table équivalant presque au prix d'un appartement...

L'éducation n'est pas en meilleur état. Vous voulez que votre enfant soit inscrit à l'université ? Peu importe son niveau pourvu que vous soyez à même de payer... Tout cela mis sur la place publique par une opinion trop longtemps contenue, les membres du Parti, privilégiés hier, sont montrés du doigt avec un esprit revanchard.

Deux autres secrétaires généraux suivent Andropov, jusqu'à l'arrivée de Mikhaïl Gorbatchev. Après la *glasnost*, voici venu le temps de la *perestroïka* (traduisez : « redéfinition » ou « changement »). La décomposition s'accélère, certainement facilitée en coulisses par le nouveau patron de la Maison Blanche, le président américain Ronald Reagan. Mais la véritable torpille, probablement involontaire, vient encore de l'intérieur. Elle se présente sous la forme de la modification d'un tout petit article de la Constitution soviétique, l'article 6, selon lequel il n'y a de place dans le pays que pour un seul parti politique : le Parti communiste, évidemment.

En 1989, l'ingénieux Gorbatchev déniche l'air de rien l'arme fatale. Profitant d'un nouveau congrès du Parti, il prend la parole.

« Camarades, explique-t-il en substance à ses pairs, je suis convaincu que le peuple souhaite que le Parti communiste conserve le pouvoir. Certains nous critiquent parce qu'il n'y a pas d'espace pour une autre formation politique. Prouvons à nos détracteurs que nous ne craignons rien en abolissant l'article 6 de notre constitution. Vous verrez que le peuple maintiendra sa confiance au Parti ! »

Je vois la scène en direct, sur le petit écran, depuis la chambre d'hôtel dans laquelle je loge à Moscou. Et pour moi, il ne fait aucun doute que la dégringolade est proche.

Ultime soubresaut, des amis me suggèrent un jour de faire rapidement ma valise et de filer vers l'aéroport… Fausse alerte, évidemment, mais quand vous êtes l'un des premiers à vous lancer, vous essuyez forcément les plâtres.

Mensonges

Dans ce monde en plein bouleversement, j'ai plusieurs atouts essentiels, outre ma proximité avec les lieux. Je suis l'un des seuls à avoir de l'argent, une mise de départ qui va me permettre de voir très grand. J'ai un certain savoir-faire, connaissant les dessous de l'économie de marché pour avoir dirigé plusieurs entreprises en France. Comme traducteur, je suis prédisposé à tisser des liens, à communiquer et à négocier. Enfin et surtout, je dispose d'un tissu relationnel unique, avec des relais et des appuis sûrs dans toute l'Union soviétique. Cela a fait de moi un homme d'affaires hautement compétitif.

J'ai un autre avantage. Cet effondrement, je l'ai vu venir de longue date. Depuis plusieurs années, j'ai compris que le système était en train de craquer. Il me suffisait d'écouter les confidences de tous ces cadres soviétiques qui passaient par Paris, officiellement pour gérer les contrats, officieusement pour humer l'air de la capitale des arts et des lettres et voir le soleil de la Côte d'Azur. Ceux qui avaient le droit de sortir du pays n'étaient pas seulement choisis pour leurs qualités professionnelles : c'étaient des gens installés au cœur du système. Ils formaient l'élite, et cette élite affichait chaque jour un peu plus sa distance vis-à-vis du système.

La façade tenait encore, appuyée sur le dogme, mais tout en dessous était devenu mensonge.

Côté face, tout le monde touchait le même salaire.

Côté pile, le bon médecin était remercié en fonction de l'offre et de la demande. Dans son magasin appartenant à l'État, le boucher, lui, vendait l'entrecôte à un certain prix et les os à un autre prix, en fonction du client. On trichait à tous les échelons, l'agriculteur en vendant le bœuf ou le mouton son poids mouillé, le vendeur de vêtements en économisant cinq centimètres de tissu sur chaque chemise fabriquée.

À cause de leur prudence légendaire et de leurs rigidités, les Occidentaux ont raté leur entrée sur ce marché, malgré leur expérience incomparable. C'était le « Far East » : il fallait alors, pour se lancer et réussir, une âme d'aventurier. Il fallait aimer les coups. Et surtout ne pas s'arrêter à la légende colportée ces années-là dans les capitales occidentales, selon laquelle le climat était dangereux pour les hommes d'affaires. Une idée tout aussi fausse que celle qui consistait alors à dire que tous ceux qui s'enrichissaient dans le pays étaient des « délinquants » et que tout ce qu'il y aurait à gagner serait forcément « sale ».

L'entrée en scène des oligarques

Le virage pris, tout s'accélère. Le pays dont je suis resté éloigné si longtemps se transforme à vue d'œil. Tellement rapidement que les Russes euxmêmes ne comprennent pas ce qu'il leur arrive.

Alors que les fissures se multiplient, le pouvoir politique tente de sauver les meubles en érigeant quelques digues. Dans l'espoir de préserver les intérêts nationaux, autrement dit d'empêcher nos vieux rivaux occidentaux de faire main basse à bon compte sur nos richesses naturelles, le président Boris Eltsine met au point un plan. Il signe une sorte de pacte avec un groupe d'hommes qui deviendront les premiers « oligarques ».

Ces hommes d'affaires d'un genre nouveau prennent le contrôle de toutes les activités stratégiques du pays, du gaz au pétrole, de l'agroalimentaire au cuivre. Un pacte judicieux, on le constate aujourd'hui, dans la mesure où il a permis de tenir les groupes industriels européens, japonais et américains à distance respectable.

En quelques années, les « oligarques » deviennent les hommes les plus riches et les plus puissants du pays. Ce sont tous des entrepreneurs. La plupart sont nés à Moscou. Plutôt jeunes, ils ont en commun d'avoir fait leurs classes dans les rangs des Jeunesses communistes. Aux commandes, ils prennent tous les risques financiers et se révèlent pour la plupart de grands organisateurs.

Les Russes seuls en lice

La Russie est un pays neuf qui vit ses premières heures, au jour le jour, sans pouvoir faire le moindre projet à long terme et sans politique internationale bien définie. Avant de bâtir une nouvelle société, il faut bien démolir ! Durant cette période un peu folle, on chamboule tout.

Il n'y a pas si longtemps, la propriété était interdite ; en quelques mois, les directeurs des usines, mines et autres magasins, tous fonctionnaires, deviennent propriétaires des entreprises dont ils avaient la gestion. Il devient possible d'acheter divers produits au tarif soviétique, mais aussi d'énormes complexes industriels. Un certain nombre d'hommes d'affaires plus avisés que les autres repèrent les bons secteurs et jettent les bases de fortunes colossales, surfant sur le glissement forcément chaotique entre deux modèles économiques totalement antagonistes.

Dans les grandes entreprises, les employés touchent des actions convertibles, et l'on voit apparaître des banques créées spécialement pour racheter ces actions, tandis que se dessinent les contours d'une nouvelle forme de propriété, avec des « actionnaires majoritaires », mots que nous ne connaissions même pas en Union soviétique. Si vous avez les moyens, vous arrivez dans une usine, vous démarchez les dix mille salariés, vous achetez au prix du marché les actions qu'ils veulent bien vous vendre et vous prenez le contrôle de la société. Rien d'illégal dans ce mouvement, même si l'enregistrement des titres de propriété suscite bien des convoitises et parfois même des guerres.

Poursuivant alors mon implantation au Kazakhstan, j'investis sur le marché des métaux et autres matières premières. Il faut déjà une bonne assise financière pour acheter une cargaison de cuivre de plusieurs millions de dollars et acheminer cette marchandise à bon port, mais je parviens à me hisser à ce niveau. Dès lors je m'implique dans de très nombreuses sociétés russes, moi qui crois à l'avenir de ce pays. Je suis très présent sur les marchés boursiers, j'achète en même temps des actifs industriels à des prix défiant toute concurrence. En ce temps-là, le simple fait d'annoncer que vous preniez en charge les salaires d'une usine faisait de vous le patron. Les profits viendront plus tard, une fois récupérées les sommes investies pour adapter les machines et payer les ouvriers. Le plus urgent, c'est de faire tourner ces gros complexes pour que personne ne meure de faim. Des villes entières, bâties autour d'une usine unique, dépendent de la capacité du nouveau patron à faire basculer l'outil de production vers l'économie de marché. Certains d'entre nous gagnent leurs galons de patrons. Ils payent évidemment les salaires en espèces. Ils font venir des wagons entiers de patates, en direct du kolkhoze, payés de la main à la main. Ils échangent des denrées alimentaires contre du cuivre, ce que ne pourrait faire aucun industriel venu de l'autre côté du mur. Ils se débrouillent comme ils peuvent, en fait. Ils se démènent pour trouver des débouchés à l'exportation qui leur permettront de payer le personnel, et certains d'entre eux, plus aux abois que d'autres, n'hésitent pas à traiter avec des pays montrés du doigt par l'Occident. L'Iran saisit l'occasion pour s'équiper en centrales électriques qui donneront bientôt au pays le droit de réclamer, pour les faire fonctionner, du combustible nucléaire non enrichi, avec toutes les suspicions et les tensions qui en découleront...

Les grands groupes internationaux tentent une timide incursion, mais se replient très vite, effrayés. Américains, Anglais, Allemands, Français, tous plient bagage, laissant les Russes seuls maîtres à bord, conformément aux vœux de Boris Eltsine. Les services de renseignement occidentaux véhiculent une telle image de la Russie que les entrepreneurs ont peur d'y laisser des plumes. Ce pays est à leurs yeux le symbole de tous les maux, et la presse relaye le message. Une analyse qui façonne le paysage économique du pays pour plusieurs dizaines d'années, permettant aux Russes de prendre le contrôle de l'intégralité de leurs richesses minières et industrielles. Hormis les boutiques Chanel, tout leur appartient aujourd'hui. À leur décharge, les services secrets n'ont pas d'autres chats à fouetter, privés qu'ils sont de la menace communiste. Le mur est tombé, mais le danger a muté, disent-ils, un brin désemparés. Le communiste s'est mué en businessman sans foi ni loi. Un homme qui ne connaît ni la carte bleue ni la carte bancaire et qui risque d'inonder la planète avec son argent sale. Un « mafieux » qui ignore tout de la paperasse.

La roue de la fortune

Les opportunités sont là pour qui sait les saisir, notamment dans le domaine strictement financier. Le pays est en effet en proie à une hyperinflation inédite. La monnaie perd jusqu'à 100 % par mois. Une somme qui est réglée le 15 n'a donc absolument plus la valeur qu'elle avait le premier du mois. Celui qui maîtrise les techniques comptables, connaît quelques banquiers et dispose d'un million de dollars peut s'enrichir énormément en un temps très court. Je vais essayer de faire simple. Le 1er du mois, vous prenez un crédit en roubles et le même jour, avec cette somme, vous achetez des dollars. Quinze jours plus tard, vous revendez vos dollars et la moitié vous suffisent à rembourser votre crédit en roubles. Si vous misez dans une opération de ce type dix millions de dollars, vous multipliez vite votre fortune par deux, surtout à cette époque où les banques se montrent encore très souples avec la réglementation.

Cette période bénie dure environ six ans, de 1989 à 1995, année à partir de laquelle un nouvel ordre commence à se mettre en place. Il fallait être là au bon moment et ne pas hésiter. Nous avons rénové l'industrie. Nous avons également profité du boom de l'immobilier en achetant des immeubles entiers dans les meilleurs quartiers, à 5 000 dollars le mètre carré, un prix qui sera multiplié par dix en six ou sept ans. Il n'existe pas d'autres exemples dans le monde de ce type d'implosion, si bien qu'aucun économiste n'aurait pu prévoir ce cas de figure.

Des millions de gens qui versaient un loyer symbolique sont devenus du jour au lendemain propriétaires de leurs logements, avec une demande en pleine expansion. Même s'ils étaient en partie insalubres, ces appartements ont vu leur prix monter en flèche, avec l'arrivée massive sur le marché d'acheteurs venus de toutes les nouvelles républiques, Kazakhs et autres Turkmènes, heureux de pouvoir bénéficier enfin d'un pied-à-terre à Moscou, ville qui ne leur était jusque-là accessible qu'après l'obtention d'un permis spécial accordé par l'administration.

Le miracle

Je me retrouve propulsé dans le petit monde des hommes d'affaires les plus riches du pays, de ceux qui disposent de leur propre terminal dans les aéroports, pour s'épargner les files d'attente et les horaires fixes...

À la différence de ceux que l'on croise dans les pays occidentaux, les nouveaux riches russes ont pour eux cette jeunesse qui en fait d'avides consommateurs, et les voilà qui achètent résidences et belles voitures avec une frénésie proportionnelle aux frustrations accumulées sous le régime soviétique. Un miracle quand on sait d'où vient le pays !

Ils ont tous autour de la quarantaine, un âge auquel on prend tous les risques et où l'on n'hésite pas à sauter dans le vide s'il le faut. Ils se connaissent, au point d'être capables de régler leurs affaires en quelques mots, sans passer par des avocats et tous ces intermédiaires qui s'immiscent dans les *deals* occidentaux.

Tout est à faire. Tout est à construire, à commencer par les alliances industrielles du futur, mais le plus urgent, cela reste clairement de payer les salaires des travailleurs à la fin du mois et d'acheminer le charbon pour que les gens puissent se chauffer en hiver. Ils deviennent les leaders naturels de ce pays en transition.

Sont-ils pour autant des héros ? Je ne le pense pas. J'ai simplement le sentiment que leur devoir rejoint leur intérêt, en s'adaptant à ces circonstances très particulières.

Le pays abandonne définitivement toute idée de compétition avec l'Occident au moment de l'arrivée au Kremlin de Vladimir Poutine. Ancien officier du KGB, il renverse la situation pour dire à nos vieux rivaux qu'il n'y a plus de place pour cet antagonisme, que nous sommes désormais nous-mêmes, que nous allons boire leurs vins, manger leurs fromages et bientôt être en mesure d'acheter des résidences secondaires dans les endroits les plus recherchés du monde. En clair, que nous n'avons plus rien à prouver et que cette « guerre » absurde est terminée ! Une blague résume bien la situation qui prévaut dans le pays. C'est l'histoire d'un jeune homme qui annonce à son père qu'il va demander une jeune fille en mariage. Il revient bredouille en fin de journée.

« Que se passe-t-il ? lui demande son père.

– Elle refuse de m'épouser.

– Pourquoi ?

– Elle m'a demandé si nous avions une Mercedes 600 et je lui ai dit non. Elle m'a ensuite demandé si nous avions une datcha de trois étages et je lui ai dit que non...

– Écoute mon fils, j'aurais été d'accord pour changer notre Rolls Royce pour une Mercedes 600, mais raser deux étages de ma datcha, ça non ! »

CHAPITRE 7

Le barman de l'avenue Victor-Hugo

Première rencontre avec le fisc français

En 1995, nous traversons la Manche en famille. Nous nous installons à Londres, en bordure de Hyde Park, non loin du palais royal. On s'y sent plus à l'aise qu'à Paris, où règne parfois une ambiance très policière. Je n'ai pas davantage de bureau que je n'en avais dans l'Hexagone, mais je suis enregistré auprès de l'ambassade de France et dispose d'une carte consulaire en règle. Sans arrêt en voyage pour mes affaires, je paye bientôt mes impôts en Angleterre.

Cela va mal tourner avec l'administration française. Je suis bientôt contraint de comparaître devant un tribunal pour fraude fiscale. Je ne gagne plus ma vie en France, mais en Russie, au Kazakhstan et en Afrique. L'administration réclame cependant un redressement fiscal sur la base de mon présumé train de vie, en prétendant être incapable de déterminer le véritable centre de mes activités économiques. C'est tout juste si les fonctionnaires ne me demandent pas d'inscrire mes enfants à l'école à Moscou, si je tiens vraiment à me soustraire de l'emprise du fisc français !

Le président du tribunal prend bientôt la parole pour me demander, avec un grand sourire :

« Vous prétendez travailler au Kazakhstan, monsieur. Pouvez-vous nous dire quelle place exactement occupe l'équipe nationale de judo de ce pays dans le championnat du monde ? Je voudrais également savoir si vous connaissez la monnaie de ce pays. »

Je le regarde dans les yeux, mais je décide de ne pas jouer le jeu. Je ne fournirai pas la moindre réponse à ses questions humiliantes et absurdes. Je suis devenu l'un des principaux employeurs du Kazakhstan, je traite directement avec le ministre des Finances de ce pays, et je n'ai aucune envie de le raconter à ce magistrat.

Reprenant plus tard la parole, le président du tribunal a beau jeu de conclure :

« Vous prétendez être allé travailler au Kazakhstan… je pourrais comprendre si vous nous disiez y avoir rencontré une femme et l'avoir suivie dans ce pays, mais là, nous ne pouvons malheureusement pas vous croire. »

Et de réclamer contre moi une peine de treize mois de prison avec sursis, assortie d'un redressement de 33 millions de francs ! Sans oublier d'intégrer dans le calcul des sommes les frais que m'ont occasionnés mes différentes interventions dans les affaires d'otages, notamment la location d'avions entre Paris, Moscou et Belgrade...

Me voilà conforté dans l'idée que l'on dispose de beaucoup plus de liberté à Londres. Je ne suis d'ailleurs pas le seul à le penser, puisque l'on comptera bientôt autour de trois cent mille Russes disposant d'un pied-à-terre en Angleterre. Paris a longtemps été la ville la plus recherchée, mais l'accumulation des tracasseries administratives et le regard parfois hautain des Français ont rendu cette ville moins attirante. Sauf pour le tourisme.

L'Îlette

J'ai décidé de me passer de cartes de visite. Je n'aime pas du tout ça. Je préfère également recevoir chez moi, c'est plus naturel que dans des bureaux impersonnels. Je n'ai pas non plus de secrétaire, ni d'employés. Une voiture et un chauffeur me suffisent. Revenu de Londres malgré mes démêlés avec le fisc français, devant lequel je ferai jusqu'au bout valoir mes droits, je m'installe dans un appartement sur l'avenue Foch.

Les Russes continuent à fréquenter assidûment la France, surtout pour leurs vacances. Ils deviennent les principaux investisseurs dans une région dont ils sont amoureux depuis très longtemps : la Côte d'Azur, d'où leur départ ferait certainement chuter les prix. Sans doute est-ce leur côté conservateur, naturel chez des gens qui ont connu les vrais désagréments d'un système de planification.

En 1995, grâce à mes relations, j'acquiers moi-même une maison au cap d'Antibes. Elle a été construite par le célèbre promoteur immobilier Christian Pellerin, inventeur du quartier d'affaires de la Défense, alors qu'il était marié avec la fille du maire de Cannes. Située face à la mer, dans un cadre exceptionnel, elle est entourée de deux hectares de terrain et équipée d'un petit port privé susceptible d'abriter les « jouets » : hors-bord, jet-ski et autres. Le lieu idéal, à mi-chemin entre Nice et Cannes.

Quand les bateaux chargés de touristes passent au large de la côte, le guide présente « la maison de Gaydamak », « juste à côté de celle du patron de BMW ». Entre nous, on l'appelle « l'Îlette ». Ou plus prosaïquement « la maison Pellerin ».

Tous les matins, le cuisinier jette son panier dans la mer avec la certitude de ramener un loup pour le déjeuner. Le seul petit problème, c'est que le précédent propriétaire a triché avec les mètres carrés. Alors qu'il n'avait droit qu'à 400 mètres carrés habitables, il en a obtenu 1 200 en creusant dans le sol. La justice a sévi en plein milieu du chantier et posé des scellés interdisant l'accès à une partie du sous-sol. Mais Pellerin a investi beaucoup d'argent pour aménager les lieux, et c'est une réussite. J'ai tout de même déboursé pour en devenir le propriétaire une somme importante, un prix d'ami cependant, sachant que le vendeur (qui deviendra le meilleur « collaborateur » du juge Courroye), par ailleurs officier de la Légion d'honneur, cherchait à me consoler après m'avoir conduit à investir à perte dans une société agroalimentaire (Agripar-Socopa).

Cette maison se révèle en fait comme un atout énorme à l'heure d'accroître mon tissu relationnel. Ministres, présidents, hommes d'affaires viennent tour à tour jouir avec nous de la Provence et de cette vue imprenable sur la mer.

Médailles, avec et sans

Nous sommes en 1996, en pleine crise de la vache folle, et la France peine à écouler ses stocks de viande de bœuf. Le monde agricole est inquiet, au bord de la rupture, même, ce qui chagrine énormément le président Jacques Chirac, que l'on sait proche du monde rural et du « cul des vaches », comme on dit. C'est alors que je mets à contribution les relations que je noue depuis plusieurs années en Russie. Par l'entremise de ma société agricole, je parviens à écouler une grande partie des stocks invendus, une viande saine qui ne trouvait pas preneur à cause de l'embargo.

En haut lieu, on considère cette transaction comme une aubaine incroyable. Je passe même aux yeux des connaisseurs pour le sauveteur inespéré des éleveurs français. C'est ainsi que je me vois gratifier d'une nouvelle médaille, l'ordre du Mérite agricole, le 27 juillet 1997.

J'en mériterai bientôt une autre, cette fois du côté du monde de l'art. Pierre Rosenberg, historien dans ce domaine, est le conservateur en titre du musée du Louvre lorsqu'il décide de préempter un objet particulièrement précieux mis sur le marché en 2000 : un coffret ayant appartenu à François Ier. La seule difficulté, c'est que le musée ne dispose pas des fonds nécessaires. Pour dédommager le propriétaire anglais et permettre à la France de conserver ce coffret, j'effectue un don.

Dans le courrier de remerciements qu'il m'adresse, Pierre Rosenberg annonce son intention de me faire nommer commandeur des Arts et des Lettres. Une rapide enquête de moralité et je n'aurai plus qu'à aller acheter la médaille !

Malheureusement pour moi, au lieu de mettre ce courrier dans un tiroir, je le laisse à portée de vue. L'un de mes visiteurs est vert de jalousie en découvrant la nouvelle : il prend cette promesse pour un affront personnel. Au point qu'il décide de saboter l'opération. Selon les événements que j'ai pu reconstituer, il aurait écrit aux intéressés un courrier insistant sur mes démêlés avec l'administration fiscale. La lettre qui arrive dans ma boîte quelques jours plus tard est explicite : mes ennuis avec le fisc me priveront de cette décoration !

Je ne souhaite accuser personne, mais si l'on s'en tient à mes visiteurs du moment, l'un d'eux aurait le profil de l'emploi : un homme que j'ai connu par l'entremise de l'école bilingue du parc Monceau, à Paris, où mes enfants étaient scolarisés. Cet homme qui joue au personnage influent – lui seul se reconnaîtra... – n'aurait pas supporté de me voir ainsi à l'honneur. Il me préférait fragile, plutôt qu'auréolé de cette honorabilité. Mais il n'était pas le seul dans ce cas : en situation de faiblesse, inquiet, j'étais une proie plus facile pour tout le monde. Récompensé par une nouvelle médaille, j'aurais été à l'abri derrière le mur en verre des apparences.

En France, les frontières sont assez nettes. Il y a ceux qui ont le droit d'avoir de l'argent et les autres. Je fais partie de la deuxième catégorie, mais j'ai franchi la barrière, puisque c'est en France que j'ai eu une certaine réussite ! C'est peut-être ce qui a gêné certaines personnes.

Tiercé, voiture d'occasion...

Au début des années 70, en compagnie du peintre en bâtiment Vassili Andreïev, nous fréquentions un café de l'avenue Victor-Hugo, à Paris. Derrière le comptoir servait un homme à la fois poli et sympathique avec lequel nous bavardions le matin avant de nous rendre sur le chantier. Il avait plaisir à exercer ce métier et paraissait plutôt heureux de son sort.

Je l'ai retrouvé quelques années plus tard, fidèle au poste, quand je me suis installé dans le quartier. J'avais fait ma vie, il avait fait la sienne. Il s'était levé pour rejoindre son poste, où s'organisait toute sa vie sociale et où il déjeunait à heure fixe avant d'aller jouer au tiercé et de rentrer chez lui au volant d'une voiture d'occasion. Quelle différence y avait-il entre lui et moi, à part le niveau de vie ? Aucune à priori.

J'aurais pu faire carrière comme traducteur à la Régie Renault, comme cet homme est resté derrière son comptoir. Je me suis mis à mon compte. J'ai pris le risque de ne pas être salarié et de gagner mon argent en fonction de mon propre rendement. J'ai vécu au-delà de mes moyens et beaucoup emprunté. J'ai voyagé à bord d'avions privés, possédé un bateau et plusieurs maisons. Ai-je pour autant été plus intelligent que ce barman ? Je ne le pense pas. Je suis certain que nous sommes les mêmes, au fond.

Un destin tient à peu de choses : « Fais de l'informatique ! » vous dit un jour un ami, et vous y allez. « Achète un F4, vous dit un autre, les prix sont intéressants », et vous empruntez. C'est un bien que vous aurez du mal à revendre, dans un immeuble que le promoteur a construit grâce à la bienveillance d'un banquier ami, mais c'est votre appartement. Après, vous vous mariez et vous prenez de moins en moins de risques. Vous ache-tez quand même une voiture, plus longue que celle du voisin si possible, de la bonne couleur, disons gris métallisé.

Si vous avez plus de moyens, vous finissez par ne même plus regarder la marque de l'avion dans lequel vous montez : vérifiez seulement qu'il y a bien à l'intérieur une douche et une chambre à coucher, indispensables à votre confort. Vous ne parlez pas de votre « F4 », mais de votre « maison », dont vous ne savez pas exactement combien de mètres carrés exactement il compte...

Lorsque je transportais mon escabeau dans les appartements chics de la capitale, le barman me saluait de la même manière qu'aujourd'hui, alors que nos clients ne nous voyaient même pas. J'étais invisible aux yeux de cet adolescent, fils de famille, qui heurta un jour mon échelle, se retourna et dit : « Mais quel con ! »

Je me souviens d'avoir demandé à mon ami et patron de traduire ces mots et voilà ce qu'il m'a répondu :

« C'est sorti automatiquement. Il te néglige. Tu ne comptes pas pour lui, pas plus que le chauffeur de taxi qu'il va côtoyer durant dix minutes. »

La seule différence entre le barman et moi, c'est que je suis monté sur l'« escabeau », mais si, un jour, pour une raison ou une autre, il ne pouvait pas venir dans son bar, il serait très malheureux.

CHAPITRE 8

Deux ou trois choses que je sais des affaires et des espions…

Le prix du diamant

La scène se passe en Israël il y a quelques années. Je me trouve dans le bureau d'un célèbre diamantaire, Benny Steinmetz. Tandis que nous bavardons, je jette un œil distrait sur la couverture de son catalogue, où trône un énorme diamant rose. Brusquement, mon téléphone sonne. C'est ma fille qui m'appelle de New York, où elle travaille précisément dans le commerce du diamant. Elle entre directement dans le vif du sujet : « Tu te rappelles cette amie qui vit avec l'ancien ministre russe ? Elle vient de m'appeler de Los Angeles. Elle me demande conseil au sujet d'un diamant qu'il veut absolument lui offrir, un diamant rose de 59,6 carats… »

Je l'interromps un instant pour me tourner vers Benny Steinmetz : « Ce diamant rose, celui dont la photo illustre la couverture de ton catalogue, il ne serait pas en vente dans une bijouterie de Los Angeles, par hasard ?

– Oui, effectivement, je l'ai envoyé là-bas. Je l'ai confié à une bijouterie californienne pour qu'elle le vende. Pourquoi ?

– Tu en demandes combien, exactement ?

– 25 millions de dollars », dit Benny sans hésiter.

Fort de ces informations, je reviens vers ma fille qui patiente au téléphone.

« C'est une pure coïncidence, mais je crois connaître très précisément la pierre dont tu me parles. Combien le bijoutier en demande-t-il à notre ami russe ?

– 48 millions de dollars.

– On arrête tout ! Avec l'accord du propriétaire, qui se trouve être à mes côtés à l'heure où je te parle, tu peux lui dire qu'on lui vend ce diamant 27 millions de dollars : 25 millions pour le vendeur et 2 millions pour toi. Cela te semble raisonnable ? »

Ma fille annonce la bonne nouvelle à son amie et à son mari, mais curieusement, l'ancien ministre russe refuse catégoriquement cette ristourne. Il ne veut pas faire d'économies sur le dos de sa femme adorée. Cette offre que nous lui faisons de diviser le prix par deux retire en réalité beaucoup de sa valeur symbolique et affective à ce présent. Plutôt que d'acheter la pierre à un meilleur prix, il préfère renoncer définitivement au diamant rose…

Côté face, un diamant est considéré comme « *the girl's best friend* » – le meilleur ami des filles. Pierre éternelle, il est la preuve, le signe tangible que l'amour jamais ne s'éteindra. Il est le lien entre un homme et une femme, et en même temps l'expression d'un statut social. Il est la marque de l'élite, et les aristocrates se l'arrachaient déjà aux temps anciens de la monarchie.

Côté pile, le diamant est en réalité une invention complètement artificielle, l'un des plus énormes coups de marketing jamais réalisés. Outre qu'il est nettement moins utile dans la vie quotidienne qu'un réfrigérateur ou une machine à laver, ce caillou n'a en lui-même aucune valeur marchande. C'est une pierre plus dure que les autres, c'est tout. Que mes amis diamantaires me pardonnent, mais tous les jours, des pierres sans aucune valeur autre que celles qu'on leur prête sont achetées à prix d'or !

Sous la dette

Il est dans l'ordre des choses, et surtout dans la logique des équilibres planétaires, que les États qui le peuvent fassent crédit à d'autres États à la peine. Les raisons de ces prêts ne sont pas toujours celles que l'on croit. Les pays occidentaux prêtent aux pays du tiers-monde pour des raisons humanitaires, mais également parce qu'ils obtiennent en échange une certaine influence politique. Ils savent que le débiteur aura du mal à rembourser, mais se payent en nature. En avançant des fonds, ils créent une forme de dépendance.

C'est également pour asseoir son influence que l'Union soviétique a accordé des crédits à plusieurs pays, sous forme de monnaie trébuchante, de livraisons non payées ou de matériel militaire. Ces mouvements financiers ont été l'un des aspects majeurs de la guerre froide, cette période durant laquelle les deux blocs cherchaient à se partager le monde. À travers ces subsides, Moscou cherchait à promouvoir son idéologie et à fidéliser les pays que l'on disait « satellites ». Les pays occidentaux investissaient de leur côté non par philanthropie, mais pour tenter de contrer l'offensive et d'imposer leur vision des choses.

La différence entre les deux camps, c'est qu'à l'Ouest les banques et le marché avaient leur mot à dire. Dans une économie de planification comme celle qui prévaut alors en URSS, le seul propriétaire, c'est l'État, unique responsable du paiement des marchandises comme du règlement des dettes. Lorsque, un beau jour de 1991, l'URSS disparaît, c'est une entité juridique reconnue par les instances internationales qui s'efface brutalement au profit de quinze pays juridiquement indépendants. Comment un débiteur peut-il s'évanouir ainsi dans la nature avant de payer ses dettes ? La dette de l'Union soviétique est évaluée à l'époque à plus de 140 milliards de dollars, essentiellement empruntés aux pays occidentaux. Qui va rembourser ? Qui va hériter, dans le même temps, des dettes des pays du tiers-monde vis-à-vis de l'URSS, presque aussi importantes (autour de 120 milliards de dollars), mais nettement moins fiables ? Les dirigeants des quinze républiques ex-soviétiques signent un document historique aux termes duquel toutes les dettes liées à l'Union soviétique dissoute incomberont à la Fédération de Russie. Les nouvelles républiques peuvent démarrer de zéro. Elles ne seront en rien concernées par l'argent emprunté par l'URSS, pas davantage qu'elles n'auront un droit de regard sur les sommes dues par des pays a priori insolvables d'Asie ou d'Afrique. La Russie assume actif et passif, tandis que ces nouvelles entités partent de zéro.

La gestion des dettes est une activité financière à part entière dont le grand public ignore à peu près tout. Les principales puissances du monde ont signé, dans le cadre de ce que l'on appelle le Club de Paris, un accord qui régule les dettes entres les pays. Les règles du jeu sont les mêmes pour tous et tout est interconnecté. La solvabilité d'un pays rime en général avec sa stabilité politique. Si l'un d'eux devient brusquement insolvable, son *rating* (niveau) de crédibilité est abaissé et il devra mettre en vente ses matières premières dans des conditions plus défavorables, à commencer par le pétrole, dont le commerce est soumis à des critères extrêmement précis. Dans le même temps, l'économie occidentale a tout intérêt à pouvoir continuer à vendre ses produits aux pays du tiers-monde, d'où la mise au point par les pays les plus riches d'un système permettant de surveiller et de réguler la dette des plus pauvres. Il est toujours possible de réduire unilatéralement la dette d'un pays, mais cela se fait rarement sans retour et moult concessions.

Dans ce contexte, je me rapproche, dès 1995, des nouveaux dirigeants de la Fédération de Russie pour évoquer avec eux les différentes issues possibles. Soit le pays parvient à survivre malgré ses dettes, le temps de glisser de l'économie de planification vers l'économie de marché, soit il tombe dans un chaos profond. J'ai plusieurs entretiens aussi informels que directs sur le sujet avec le personnage le plus important du pays, le ministre des Finances Michael Kasianov, un très bel homme, aussi intelligent que cultivé, anglophone et très bon négociateur, qui deviendra par la suite Premier ministre.

Voici les quelques conclusions auxquelles nous parvenons. La Russie a besoin de financements pour franchir le premier cap, celui des deux ou trois ans qui pourraient permettre d'asseoir sa crédibilité. Cette aide ne peut venir que de l'extérieur, sous forme de crédits. Les pays occidentaux ? Ils n'ont rien contre le fait de nous épauler, mais ils fonctionnent selon une échelle du risque. Plus le pays est endetté, plus le risque est important, et plus les taux d'intérêt flambent, un peu comme pour les particuliers. Politiquement, la Russie n'est pas encore considérée comme un pays sûr. Économiquement, ses perspectives restent inconnues. Le montant de sa dette est énorme. À cause de la législation en vigueur sur le plan international, les institutions financières ne peuvent accorder les sommes que nous réclamons, ou bien avec des intérêts exorbitants...

Le ministre des Finances a cependant un avantage considérable à l'heure de négocier les relations financières de la Russie avec l'étranger : Michael Kasianov plaît aux Occidentaux. « C'est vrai que nous vous devons 140 milliards de dollars, plaide-t-il lors de ses entretiens avec ses homologues étrangers, mais nos débiteurs nous doivent 120 milliards de dollars. Notre dette réelle n'est donc que de 20 milliards de dollars. » On a cependant beau jeu de lui expliquer poliment que son pays doit de l'argent à l'Europe, au Japon et à l'Amérique du Nord, alors que ceux qui en doivent à la Russie sont des pays qui ne rembourseront jamais – le Vietnam, la Mongolie, l'Angola...

Cent dollars = six dollars

Je suis de ceux qui ne s'affolent pas. Je crois même fermement aux capacités de la Russie à rebondir. Le prix des obligations russes d'État est en chute libre, comme si les terres, les mines, le bois avaient d'un seul coup disparu ? J'ai une telle confiance que j'en achète en grandes quantités, en empruntant aux banques. À l'époque, personne n'en veut. C'est la grande braderie. Un « papier » d'une valeur nominale de 100 dollars se vend pour 6 dollars. Je ne me suis pas trompé : vingt ans plus tard, ces obligations valent bien plus cher que celles d'un pays comme les États-Unis ! Le papier acheté 6 dollars se vend aujourd'hui entre 106 à 108 dollars. Mieux : il rapporte autour de 9 % par an, l'État russe étant considéré comme un excellent payeur, l'un des plus fiables de la planète. Entre-temps, ce sont les États-Unis qui se sont énormé-ment endettés, sauf que l'État américain n'étant pas près de disparaître, il couvre sans mal ses dépenses en émettant des obligations remboursables plu-sieurs dizaines d'années plus tard. La preuve que dans les affaires, l'aspect psychologique est essen-tiel, presque autant que le flair… Et que l'on peut être à la fois patriote et avisé.

La valeur des choses

Les organismes bancaires et financiers accordent leurs prêts à la tête du client, en fonction de l'image que l'emprunteur véhicule. Soumis à une législation très stricte en matière de lutte contre le blanchi-ment, ils vous font passer une batterie de tests avant de nouer des relations avec vous. Une fois que vous avez franchi tous les contrôles, vous êtes sélectionné et la banque vous ouvre ses crédits sans limites. Elle ne se préoccupe pas de la suite. Elle ne cherche pas à contrôler la qualité de la transaction que vous allez éventuellement conclure grâce à elle. Elle vous vend son argent et ferme les yeux sur la suite des opérations. C'est pourquoi votre image et votre réputation valent de l'or.

C'est particulièrement vrai dans le domaine de l'immobilier, ou certains investisseurs avisés bâtissent des fortunes. On ne se lance pas dans l'immobilier sans l'appui de très importants partenaires financiers. Après, c'est l'engrenage : plus on construit, plus on emprunte. Entre les terrassiers, les bétonneurs et les intermédiaires, votre argent est en permanence engagé dans les transactions en cours. Tant que le marché monte, les emprunts sont garantis par la valeur des biens. Tous les acteurs savent cependant que l'estimation de ces immeubles est forcément approximative, tant que la transaction n'est pas effectivement réalisée.

Si vous êtes adoubé par les services de vérification de la banque, elle peut vous prêter 100 millions de dollars pour l'achat d'un gratte-ciel à New York, à un taux de 6 %, en puisant dans l'argent des petits épargnants, rémunérés pour leur part à 3 %. La valeur de cet immeuble dépend du cours des devises et de la situation économique et politique du moment. Il pourrait tout aussi bien être vendu 85 millions de dollars ou 115 millions de dollars, avec toutes les justifications requises et autant de bonnes raisons. Tant que l'emprunt est garanti par la valeur de l'immeuble, tout va bien. Un nouvel acheteur se présentera une ou deux années plus tard, lui aussi appuyé par une banque, et vous lui revendrez 120 millions de dollars ce que vous avez acheté 100. Une valeur tout aussi théorique et virtuelle qui alimentera la dangereuse bulle spéculative...

D'énormes fortunes fondent en quelques jours. Riches la veille, des promoteurs immobiliers ne le sont plus le lendemain. Il suffit que la banque centrale aille mettre son nez dans les garanties apportées en échange des crédits concédés pour que le pot aux roses soit découvert. Elle demande alors logiquement aux banques d'apporter la provision correspondante. Si dans le même temps l'offre dépasse la demande, les prix sont brutalement révisés à la baisse, et c'est la crise économique assurée, comme cela s'est produit aux États-Unis entre 2008 et 2009. L'argent devient rare. Les banques prêtent moins, elles stoppent des chantiers en plein vol, cherchant désespérément de l'argent frais. Les promoteurs veulent vendre, tout le monde vend, avant que la banque ne se saisisse du bien pour le céder à vil prix, faisant encore dégringoler la valeur des choses.

L'hirondelle

Nul ne sait si elle est vraie, mais cette histoire se situe au cœur des années 1960. Une belle « hirondelle », comme on appelle alors les espionnes soviétiques, a séduit un jeune Français qui vit dans la campagne, non loin d'une usine où l'on fabrique une peinture ultrasecrète, destinée à rendre les avions invisibles. L'espionne se débrouille pour que son amoureux lui envoie des fleurs cueillies dans son propre jardin. Et c'est ainsi, particule après particule, pétale après pétale, que les laborantins de son service parviennent à percer les secrets de la composition chimique de cette peinture.

Quelques mois plus tard, le premier avion indétectable aux couleurs de l'OTAN est abattu par l'artillerie...

Il arrive aux services secrets de faire des miracles. Pour autant, l'expérience m'a appris à nuancer leur pouvoir réel. À la différence de certains hommes politiques aveuglés par leur puissance, je ne suis pas de ceux qui croient que les services secrets peuvent absolument tout faire.

Aux racines de l'affaire Clearstream

Tout immigré à la recherche d'une respectabilité est un jour tenté de se rapprocher des services de renseignement du pays qui l'accueille. C'est l'une des explication de la fameuse affaire Clearstream, restée plusieurs années durant à la une de l'actualité en France, qui trouve en partie sa source dans la personnalité de l'un de ses principaux acteurs, Imad Lahoud. D'origine libanaise, belle gueule, éduqué, cet homme a la volonté de réussir. En quête d'importance, il cherche des appuis haut placés. Que pourrait-il vendre aux services secrets français, en échange de leur protection ? Une règle non écrite veut que chacun donne ce qu'il peut donner. Lahoud va au plus simple : s'appuyant sur son origine libanaise et sa bonne connaissance du *trading*, il affirme détenir des informations sur les circuits financiers du mouvement terroriste Al-Qaida. Le sujet est particulièrement sensible. Avec une telle marchandise dans sa besace, personne ne peut refuser de l'écouter, et c'est ainsi qu'il se voit affubler du titre envié de « correspondant » de la DGSE, la maison mère de l'espionnage français. La difficulté, c'est qu'un correspondant doit régulièrement produire pour être crédible. C'est là qu'il tombe sur le livre qu'un journaliste un peu fantasque a consacré à une chambre de compensation luxembourgeoise qu'il fait passer pour une banque, Clearstream. Imad Lahoud s'accroche à ces pages qu'il finit par transmettre à la DGSE, non sans les avoir quelque peu enrichies, à en croire les accusations portées contre lui par la justice.

Son officier traitant regarde ces informations avec intérêt, puis finit par classer sans suite, pas franchement convaincu. Mais pour Lahoud, l'essentiel est ailleurs : il peut laisser entendre qu'il est « couvert » par les services et le voilà qui parvient à se caser chez EADS, le puissant groupe aéronautique européen. Il ne tarde pas à proposer à l'un de ses dirigeants Jean-Louis Gergorin, des informations sur la mafia russe. Gergorin est précisément sur la piste de mafieux russes qu'il croit mêlés à la mort brutale de son vénéré patron, Jean-Luc Lagardère, qui vient de succomber à une maladie rare. Il glisse quelques noms à l'informaticien, histoire qu'il vérifie s'ils ne figurent pas dans ses listings. Et, par miracle, il les trouve ! L'affaire Clearstream prend définitivement forme parce que Jean-Louis Gergorin connaît bien Dominique de Villepin, qui occupe un rôle stratégique auprès de Jacques Chirac et prépare la prochaine échéance électorale, la présidentielle de 2007...

Servir la patrie...

L'image que l'on a des différents services de renseignement est davantage liée à leur passé qu'à leurs activités réelles, que l'on ignore la plupart du temps. De l'extérieur, on imagine des choses incroyables et des manipulations à tous les niveaux, doubles, triples, voire quadruples. La réalité est souvent plus simple. Les services d'espionnage sont d'abord des administrations dans lesquelles les individus ne pensent qu'à leur carrière, à leur position sociale et à leur intérêt personnel. Et puis il y a l'environnement idéologique.

En France, on parle de « servir la patrie », de grands mots qui ont l'avantage d'être compris par tout le monde, mais que peu de gens prennent finalement au sérieux. Les services secrets français font preuve d'une certaine souplesse quant à leur positionnement. La DGSE, en particulier, n'est pas une et indivisible. Elle est composée de gens qui manœuvrent dans des directions différentes en fonction de leur couleur politique. Elle se met au service de tel ou tel clan, de telle ou telle grosse entreprise française, notamment dans le domaine pétrolier. Elle est une juxtaposition de chapelles – ce qui ne l'empêche pas d'être très crainte par ses concurrents. Lorsque deux camps opposés se livrent bataille dans un pays africain, les agents de la DGSE savent se placer des deux côtés, comme ils l'ont fait par exemple en Angola, où les uns travaillaient avec un régime soutenu par les Soviétiques, tandis que d'autres entretenaient des liens avec l'opposition armée, soutenue par les Américains. Une position parfois inconfortable, mais ce service a une certaine pratique en la matière. Il arrive enfin à ses agents de dépasser les limites de la légalité, mais cela fait partie du métier et aucun service dans le monde ne se le refuse.

Les services israéliens ou russes, eux, ont longtemps été considérés comme des administrations entièrement au service d'une idéologie, un objectif « noble » censé se situer au-dessus des intérêts pécuniaires. Les uns sont réputés défendre le monde juif, avec une confusion trop fréquente à mon goût entre intérêts juifs et intérêts sionistes, quand le KGB défendait officiellement l'idéologie communiste. Je dis « officiellement » parce que si la plupart des Soviétiques qui travaillaient à l'étranger étaient plus ou moins affiliés aux services de renseignement, les officiers du KGB n'étaient en réalité pas plus prosoviétiques que les autres ! Ils étaient trop lucides pour adhérer vraiment à ce système que nul ne se gênait pour critiquer.

Lorsque la Russie s'est substituée à l'URSS, les compteurs ont été remis à zéro pour tout le monde, et ce fut comme une forme de renaissance. Certains officiers du KGB ont quitté le service, tandis que d'autres ont fait de leur statut un gagne-pain. Une carte du KGB pouvait toujours servir. À cette époque, elle se monnayait facilement. Les tarifs des enquêtes sont connus et chacun sait à qui et comment il faut transmettre l'enveloppe. Cela se fait ailleurs dans le monde, mais pas de façon aussi limpide. Ceux qui sont bien placés dans la hiérarchie font également fructifier leurs relations à l'étranger, tout en conservant leur salaire et leur statut social.

DST, DGSE, RG...

Je n'y peux rien, mais mon nom sera toujours mêlé à l'espionnage, d'une façon ou d'une autre. On me prête de multiples casquettes et des liens avec plusieurs États ayant des buts très différents, voire antagonistes. Côté russe, on me voit lié au KGB et à son successeur, le FSB, dont la branche intérieure est aujourd'hui la mieux structurée. Côté israélien, j'ai forcément des liens avec le Mossad, les services secrets de l'État juif. En France, j'ai travaillé main dans la main avec la DST (contre-espionnage) dans le cadre de la libération des otages, c'est un fait, mais on a compris que je n'entretenais pas les meilleurs rapports avec la DGSE, le service d'espionnage...

De toute sa vie, un citoyen ordinaire n'a jamais affaire à ces services. Cela a été mon cas au début. Tant que j'avais 20 ans et que je travaillais comme manutentionnaire dans le bâtiment, les agents du contre-espionnage français ne se sont pas intéressés au fait que je venais de Moscou. En cette époque de guerre froide, tout Soviétique attirait l'attention, sauf les anonymes en bas de l'échelle. Il n'y avait rien à glaner auprès d'un vagabond de mon espèce, rien en tout cas qui puisse faire avancer d'une façon ou d'une autre la carrière d'un fonctionnaire de la DST.

Cinq ans plus tard, j'étais toujours jeune, mais les contre-espions avaient jeté leur dévolu sur moi. Non parce que j'allais le samedi soir au bois de Boulogne transmettre aux fonctionnaires de l'ambassade d'URSS des informations sur la force de frappe française, mais simplement parce que j'avais acheté un appartement dans les beaux quartiers et que je roulais en Mercedes. Matériellement à l'aise, j'étais devenu un sujet d'inquiétude. Attirés par ma nouvelle position sociale, ils ont cherché à m'accrocher, à créer un lien. Ils ont d'ailleurs réussi, puisque j'ai souvent revu le commissaire qui m'avait reçu ce jour-là. Je crois pour ma part que je recherchais leur sympathie, ainsi que des appuis auprès d'eux. Je ne me suis jamais servi de ce lien, mais cela peut toujours aider, en cas de besoin, d'avoir dans son carnet d'adresses les numéros de téléphone de trois ou quatre agents des services secrets. Eux non plus ne m'ont jamais rien demandé de très précis, du moins jusqu'à l'affaire des pilotes retenus en otages. Entre-temps, leur intérêt pour moi ne s'est jamais démenti. Plus je traitais des affaires importantes, plus je rencontrais des ministres et des chefs d'État, plus je pouvais devenir pour eux une source d'informations. Nos déjeuners se sont multipliés, et il est évident que nous échangions des informations. Qui manipule qui, en pareille situation ? Difficile à dire, mais leur vision de l'Union soviétique avant la chute du Mur était assez binaire, pour ne pas dire primaire. Ce qui est assez compréhensible, dans la mesure où ils ne pouvaient observer cet univers qu'à distance. J'ai tenté de corriger leur vision, tout en essayant de faire évoluer l'image qu'ils avaient de moi et de leur expliquer, pour couper court aux fantasmes, pourquoi je voyais tel ou tel ministre, pourquoi je fréquentais telle ou telle personne répertoriée comme officier du KGB.

Vers l'année 1993, les services secrets français ont reçu une demande d'information me concernant en provenance de Russie. La note, à laquelle j'ai eu accès, était un tissu de mensonges inspirés par un concurrent uniquement soucieux de me nuire. Ce genre de coups bas était monnaie courante à l'époque à Moscou. On pouvait acheter n'importe quel officier, même au plus haut niveau, et faire en sorte qu'il véhicule telle ou telle information, négative ou positive, sur un ennemi ou un ami. Il s'agissait pour cet ancien associé de noircir ma réputation pour me déposséder d'une entreprise, après un contrat à l'amiable, non écrit, fondé, comme souvent à l'époque, sur la seule poignée de main.

Plus tard, les choses se sont compliquées, essentiellement du fait de l'autre grand service français, la DGSE. J'ai eu droit à plusieurs visites de mon appartement de l'avenue Foch, à Paris, dont l'une s'est déroulée en pleine nuit, durant l'année 1995, alors que toute la famille dormait. L'immeuble étant gardé en permanence, cette intrusion ne pouvait être le fait que de gens qui ne craignaient absolument rien. L'une de mes filles est venue me réveiller avec ces mots dont je me souviens comme si c'était hier : « Papa, il y a quelqu'un dans l'appartement ! » Je descends à l'étage en dessous, mais je ne vois rien de suspect. Ce n'est que le lendemain matin que j'ai compris en découvrant un attaché-case fracturé et des documents éparpillés. En interrogeant les gardiens, j'ai découvert que des gens à l'allure militaire, genre mercenaires, avaient sonné à la porte de chez nous pendant la journée. Ils ont dû être déçus de leur passage, car je n'ai jamais conservé chez moi aucun document digne d'intérêt.

Puis il y a eu l'« affaire », celle qui m'a conduit aux portes de la prison française. Le dossier de l'« Angolagate », dont j'aurai l'occasion de raconter plus loin la genèse, a largement été alimenté par les services de renseignement français. J'ai notamment été accablé de découvrir, dans le dossier judiciaire, le témoignage à charge d'un ancien directeur de la DST, Yves Bonnet. Alors qu'il ne faisait plus partie du service au moment des faits, et qu'il ne connaissait rien des détails de l'opération, il s'est longuement étendu dans le bureau du juge d'instruction sur la libération des otages français. Des pages pour expliquer pourquoi, selon lui, je n'avais joué aucun rôle dans l'affaire. Le comble de la désinformation ! Et en même temps, pas vraiment une surprise pour moi : un jeune Juif russe qui réussit en France n'inspire pas que de la sympathie ! Il s'en est même trouvé certains pour considérer qu'il serait indécent de m'attribuer la Légion d'honneur !

Les services secrets sont des administrations comme les autres, mais tout ce qui vient d'eux revêt malheureusement un caractère de vérité aux yeux de la justice. Yves Bonnet était crédible pour les magistrats parce que c'était un ancien directeur de la DST, et tant pis s'il était loin du théâtre des opérations au moment des faits sur lesquels on l'interrogeait.

Au fil de cette affaire, j'ai également eu l'occasion de faire connaissance avec un troisième service français, les Renseignements généraux. Aujourd'hui disparus, ces « RG » n'étaient qu'une officine spécialisée dans la diffusion de rumeurs que l'on mettait en marche pour ternir l'image de tel ou tel personnage. J'en ai malheureusement fait les frais et j'en veux à son directeur de l'époque, Yves Bertrand, sous l'autorité duquel ont été transmis à la presse des rapports abracadabrantesques sur mon compte. Ce sont les mêmes qui ont fait circuler plus tard un rapport selon lequel, bien qu'en fuite, je me serais rendu clandestinement en France. L'information était erronée, mais comme incarnation du « mafieux russe », je suis censé représenter un danger immense, alors elle a pris une importance considérable...

Mossad

J'ai connu un héros de la guerre du Kippour, un certain Moshe Levy. Après avoir perdu un bras au combat, il est devenu une sorte de collecteur de fonds, en particulier auprès de la communauté juive américaine. Depuis la fin des années 90, il s'est installé à New York où il s'est lancé dans les affaires. C'est lui qui m'a présenté cet ancien chef du Mossad, un homme très distingué, probablement trop carré et trop honnête pour faire une longue carrière à la tête de ce service. J'ai ainsi fait la connaissance d'un pilier du Mossad, longtemps en charge de la supervision des agents en poste à l'étranger, Avi Dagan. J'ai beaucoup appris avec eux, en fréquentant un camp d'entraînement connu des agents du monde entier, du côté de Cesare, en Israël. On s'y prépare aux prises d'otages, on apprend le maniement des armes. On cultive les bons réflexes pour le cas où on se ferait un jour tirer dessus, et tout un tas de choses à mettre en pratique en cas de danger, notamment pour passer les frontières sans se faire remarquer – dans mon cas, la plus élémentaire des précautions consisterait d'abord à oublier mes trop luxueuses valises...

En 2001, une fois qu'ils eurent tous atteint l'âge de la retraite, j'ai proposé à ces hommes de monter une société dont le but serait de vendre l'expérience israélienne en matière de sécurité. Notre attelage n'a jamais enregistré le moindre contrat, mais notre aventure nourrit évidemment les fantasmes à mon égard, d'autant qu'un certain nombre d'anciens agents du Mossad ont prospéré dans le commerce du diamant, un business très opaque dans lequel je me suis beaucoup investi. Pourtant, je l'affirme haut et fort : durant ma carrière, j'ai contribué à mettre fin à plusieurs guerres, notamment en Afrique, sauvé de la mort quelques officiers et quelques agents secrets, mais le métier d'espion n'est vraiment pas un métier pour moi.

Bentley

En 1999, alors que je roule dans les rues de Monaco au volant d'une Bentley décapotable tout juste sortie d'une révision au garage, un automobiliste me coupe la route et détruit l'avant de mon véhicule. Il est arabe, il roule sans assurance, et je lui suggère de partir le plus vite possible avant l'arrivée de la police.

Les rues de la ville étant truffées de caméras de surveillance, la scène a évidemment été filmée et les policiers monégasques accourent sur les lieux. Mon attitude ne leur semble pas très normale, mais ils acceptent la version que je leur offre. La Bentley endommagée est remorquée jusqu'au garage, où je n'enverrai quelqu'un la chercher que bien plus tard, en 2005. Le chauffeur roulera jusqu'à Franc-fort, en Allemagne, où elle sera chargée à bord d'un avion-cargo en partance pour Moscou. Quelques semaines plus tard, le convoyeur allemand sera arrêté pour collusion présumée avec la « mafia russe ». Visiblement, la police française espérait bien me coincer à la sortie du garage. Je vais maintenant vous dire pourquoi…

CHAPITRE 9

Angola

Le jeu africain des Soviétiques

Il faut toujours revenir à la source : quand Staline lance en 1943 son vaste programme de déstabilisation de l'Occident, d'énormes moyens financiers et humains sont mis en œuvre autour de la planète. Dans les pays occidentaux sont discrètement sponsorisés, voire créés de toutes pièces des centaines de mouvements de jeunes, d'associations pour la défense de la nature ou pour la promotion de la paix, de partis politiques de tous bords et autres associations de défense des animaux à poil ou sans. L'idée récurrente est d'affaiblir l'ennemi de l'intérieur par tous les moyens en utilisant les artifices de la propagande et le savoir-faire des services secrets. Dans le même temps, différentes stratégies sont élaborées au Kremlin pour tenter de freiner (et pourquoi pas de couper) l'approvisionnement de l'économie occidentale en matières premières. La présence soviétique en Afrique noire est à ce titre essentielle, en particulier dans les pays dont le sous-sol regorge de richesses, comme l'Angola, fort de son diamant, mais surtout de son pétrole, léger, clair et nettement moins polluant que celui que l'on trouve dans le golfe du Mexique, un pétrole lourd qui devra bientôt être transporté en Arabie Saoudite pour être raffiné, afin de ne pas froisser les écologistes américains.

En Angola, pays chrétien, les Soviétiques s'appuient naturellement sur la population urbaine, en majorité métisse après plus de quatre siècles de présence portugaise, celle-là même qui fournit maintenant l'essentiel de ses troupes et de ses cadres au Mouvement populaire pour la libération de l'Angola (MPLA), d'inspiration marxiste. En face, pour tenter de défendre ce qu'ils considèrent comme un de leurs prés carrés, les Occidentaux misent sur les populations tribales qui peuplent ce grand pays. Ils alimentent en armes, en conseils logistiques et en argent un mouvement nationaliste assez structuré pour guerroyer pendant des décennies avec les alliés de Moscou, l'Union nationale pour l'indépendance totale de l'Angola (UNITA), dont le leader s'appelle Jonas Savimbi.

Les tensions s'accroissent sur le terrain avec la chute du régime Salazar à Lisbonne et l'imminence du départ du colonisateur portugais, au milieu des années 70. La société minière sud-africaine De Beers vient de découvrir plusieurs gisements (prometteurs) de diamants, mais elle se garde bien de le dire, pour ne pas avoir à partager ses bénéfices avec le pouvoir, d'obédience soviétique, qui devrait s'installer à Luanda, autrement dit l'ennemi absolu pour une compagnie qui a fait les riches heures du régime d'apartheid sud-africain, avec le soutien des Américains. Isolée politiquement parce que sa constitution attribue le pouvoir aux Blancs, l'Afrique du Sud raciste a coutume de se mettre en infraction avec les lois internationales. Gaz, pétrole ou diamant, les matières premières sont en effet la propriété de l'État à l'intérieur des frontières duquel elles ont été découvertes. Une compagnie obtient une licence pour prospecter, mais doit déclarer ses nouveaux filons auprès du gouvernement et payer en fonction des quantités extraites...

C'est une règle du jeu que connaissent parfaitement les grandes compagnies, bien entendu au courant du fait que l'Angola détient dans ses sous-sols des réserves de brut propres à leur assurer un avenir radieux, à condition de miser, d'un point de vue politique, sur le bon cheval. Ce qui n'est pas vraiment le cas à l'époque dans cette région du monde, puisqu'elles soutiennent massivement les structures tribales épaulées par l'Afrique du Sud, en espérant écarter du champ prometteur Moscou.

La disparition de l'Union soviétique a évidemment des répercussions directes en Afrique, notamment en Angola, puisque le Kremlin met un terme brutal à toute forme d'assistance. La Russie, devenue d'un coup de baguette un pays ultralibéral, n'a plus de raisons de soutenir aux antipodes un mouvement marxiste. Les États-Unis saisissent l'occasion pour susciter l'organisation d'élections libres et démocratiques dans le pays, totalement convaincus, jusqu'à l'aveuglement, que les marxistes vont être rayés de la carte par le peuple à coup de bulletins de vote.

Le scrutin se déroule en septembre 1992 sous le contrôle de la communauté internationale, et là, stupeur, le MPLA marxiste et son leader charismatique, José Eduardo Dos Santos, diplômé de l'Institut du pétrole de Bakou (Azerbaïdjan), sortent grands vainqueurs. Les Américains sont dépités. Quant au vaincu, Jonas Savimbi, il est loin d'accepter ce résultat sans appel. Rival de trente ans, il décide de poursuivre sa guérilla et menace le régime démocratiquement élu, lui dont les troupes grignotent chaque jour un peu plus de territoire, toujours encouragées en sous-main par la France et les États-Unis. Le gouvernement, essentiellement composé de représentants de cette population proche de la culture européenne, ne dispose d'aucune ressource pour organiser décemment sa défense. Le pétrole ? Certaines zones du pays en sont gorgées, mais tant que le pays n'est pas sûr, il ne peut être exporté sérieusement, et encore moins transporté vers les ports. À la différence du diamant, que l'on peut acheminer par la route à bord de véhicules légers, le pétrole a besoin de stabilité.

Il se commercialise en effet sous forme de contrats juridiques, nécessitant une structure légitime appuyée sur un financement bancaire.

Hélicoptères en souffrance

C'est dans ce contexte tumultueux que je croise le chemin de l'Angola. L'histoire commence dans une file d'attente, non pas en Union soviétique, mais aux Galeries Lafayette, à Paris. Ma belle-mère, linguiste de formation et rédactrice dans une revue médicale éditée en plusieurs langues, bavarde avec une Ivoirienne qui se présente comme femme d'affaires.

« Je suis dans le commerce du cacao, précise-t-elle.

– Mon gendre est lui aussi dans les affaires, glisse ma belle-mère.

– Il faut absolument que je lui présente un ami, Georges Kinsler, qui travaille lui aussi dans le cacao. »

C'est ainsi que je fais la connaissance de ce commerçant africain. Grand charmeur, il pense judicieux de m'introduire auprès de l'un de ses amis, un certain Pierre Falcone, de retour d'un long séjour au Brésil, avec lequel je devrais être en mesure, dit-il, de conclure quelques affaires.

Lorsque je rencontre Pierre Falcone pour la première fois, à la fin de 1992, il n'est pas question entre nous de l'Angola, mais de l'Amérique latine. Une compagnie pétrolière vénézuélienne, m'explique-t-il, est à la recherche d'hélicoptères de transport pour ses plates-formes en mer.

Le hasard veut que je préside alors une banque, le Crédit de Russie, qui vient d'hériter de sept hélicoptères MI8 dans le cadre du changement de modèle économique qui bouleverse l'ex-Union soviétique. Pierre Falcone s'emballe. Je suis prêt à prendre en charge l'acheminement des appareils, mais je veux d'abord être payé. Quelques jours plus tard, il m'assure que tout est en ordre et que l'argent va être viré incessamment sur mon compte. Je le prends au mot et les sept appareils quittent bientôt le port russe où ils sont chargés à bord d'un cargo… sauf que l'argent n'est toujours pas versé et que je prends la décision de stopper provisoirement le processus. J'appelle Pierre Falcone, qui feint la surprise. « Mais c'est incroyable ! s'exclame-t-il. Cet oubli sera réparé dans la journée, promis ! »

Ne voulant pas prendre le risque de ne jamais voir versé le premier dollar, je mets les appareils à l'abri dans un hangar, dont je confie la garde à deux anciens militaires russes. Le problème, c'est que la situation s'enlise. Je ne suis pas loin de décider de mettre les hélicoptères à la casse, pour arrêter les frais, lorsque Pierre Falcone, qui rêve de grandes affaires, revient vers moi. « Vous pensez certainement que je ne suis pas sérieux, me dit-il, mais j'ai un autre client : l'Angola. » Encore une succession d'improbables hasards : c'est Jean-Christophe Mitterrand, dont il a fait la connaissance quelques années auparavant au détour d'une salle d'attente d'un grand aéroport, qui lui a parlé des immenses difficultés de ce pays lusophone où il n'a jamais mis les pieds malgré sa fonction de conseiller pour les affaires africaines auprès de son père, le président François Mitterrand. Lui-même tiendrait ses informations d'un certain Jean-Bernard Curial, un Français à qui son engagement trotskiste vaut de bons contacts dans les pays africains dirigés par des leaders longtemps sous influence soviétique. En particulier en Angola, puisqu'il connaît personnellement José Eduardo Dos Santos depuis longtemps : il le fréquente au moins depuis les années 1960, ayant côtoyé le futur président angolais dans les centres de formation montés par les Soviétiques en Algérie pour entraîner les futurs cadres de l'ANC sud-africaine et de toutes les organisations africaines prosoviétiques. Une camaraderie nouée sous les yeux attentifs du KGB, et au nom de laquelle Jean-Bernard Curial ne peut rester totalement passif devant l'isolement diplomatique dont souffre le gouvernement angolais, pourtant reconnu par les Nations unies.

Désormais introduit au Parti socialiste, où il est l'un des animateurs du département « Afrique », Jean-Bernard Curial n'a de cesse de proclamer son incompréhension devant les liens qui semblent unir le ministre français de la Défense, François

Léotard, leader du Parti républicain et ami déclaré du « sanguinaire » Jonas Savimbi. Cela lui est politiquement et moralement insupportable et il s'en ouvre auprès de toutes les oreilles attentives.

Pierre Falcone a visiblement été sensible au message que lui a furtivement transmis de sa part le fils Mitterrand. Il plaide brillamment auprès de moi la cause du président José Eduardo Dos Santos. « C'est un désastre, m'explique-t-il. Le gouvernement angolais perd du terrain tous les jours face à la guérilla. Si cela continue à ce rythme, la chute de ce gouvernement démocratiquement élu n'est pas loin. » C'est ainsi que s'impose l'idée de proposer aux Angolais les fameux hélicoptères toujours immobilisés dans un hangar en Hollande. Nous profitons du passage d'une petite délégation angolaise à Paris, en juillet 1993, pour organiser un voyage en avion jusqu'à Rotterdam, où mes gardiens russes enfilent leurs uniformes chargés de médailles pour mieux convaincre.

De retour à Luanda, la capitale angolaise, nos interlocuteurs nous font savoir qu'ils seraient très intéressés et que ces appareils seraient d'une grande utilité à leur pays, mais qu'ils ne disposent pas des sommes que nous leur réclamons. Prêts à m'en débarrasser pour rien, tant leur immobilisation me coûte cher, je leur propose un marché : « Vous prenez les hélicoptères et vous me payerez plus tard, quand vous serez en mesure de le faire. Si vous ne trouvez pas les devises nécessaires, vous pourrez même régler l'addition en nature, sous forme de barils de pétrole. »

Ce crédit que je leur consens est pour eux un cadeau du ciel, d'autant qu'ils considèrent comme inimaginable de démarcher qui que ce soit. En particulier en France, où nous sommes à l'époque en pleine cohabitation, avec un président socialiste à l'Élysée et un gouvernement de droite, dirigé par Edouard Balladur.

Certains évoqueront une « diplomatie parallèle », mais nous nous situons davantage dans une démarche d'ordre privée. Même si Pierre Falcone réussit à emmener jusqu'à Luanda le préfet français Jean-Charles Marchiani, par ailleurs député européen, pour qu'il voie de ses propres yeux la détresse du gouvernement angolais (dont il ne partage absolument pas les options idéologiques, lui qui serait plutôt un anticommuniste notoire).

Armes contre pétrole

L'épisode des hélicoptères aidant, je suis bientôt reçu par le président angolais, José Eduardo Dos Santos. La conversation tourne vite autour de la guerre qui menace de déstabiliser le pays et des difficultés d'approvisionnement de l'armée régulière angolaise. Cette situation périlleuse n'est pas sans liens avec la disparition de cette Union soviétique qui équipait le MPLA depuis vingt ans et avec les nouvelles règles en vigueur à Moscou, où l'heure n'est plus du tout au soutien à fonds perdus des pays « frères ». Désormais, la Russie exige des garanties financières que l'ancien pays ami ne peut évidemment pas fournir. Dos Santos sait que le salut ne peut venir que de l'ancienne puissance protectrice, mais il ne voit plus trop à quelle porte frapper.

Je crois que j'ai une solution pour le tirer de ce mauvais pas. Personne ne misera sur un pays en guerre, mais l'Angola reste riche de son pétrole.

« Donnez-nous la garantie que le pétrole sera livré et nous pouvons vous aider », lui dis-je. Comme le président angolais prête attention, j'affine mon plan. L'idée serait, pour commencer, de signer un contrat portant sur la livraison de 25 000 barils par jour à hauteur de 500 millions de dollars. Avec un baril à 10 dollars, le tarif de l'époque, les profits ne devraient pas être fabuleux, mais la question n'est pas là, nous en convenons rapidement. Comment pomper ce pétrole avec le climat de guerre civile qui règne dans le pays ? Aucune grande compagnie ne voudra miser un seul centime, mais j'ai la solution : les banques russes. Elles exigeront un pourcentage élevé, mais je me fais fort de les convaincre de se lancer dans la partie à nos côtés.

Porté par la flambée du prix du baril, le contrat que nous signons quelques mois plus tard est le premier d'une longue série. Nous nous mettons à vendre, Pierre Falcone et moi-même, toutes sortes

de produits à l'Angola, à commencer par des médicaments.

Le gouvernement angolais voit tout le profit qu'il
pourrait tirer de nos relations. José Eduardo Dos
Santos exprime bientôt le souhait de nous voir franchir une étape : il voudrait que nous l'aidions à
contenir la rébellion, à un moment où la situation
de ses troupes sur le terrain est de plus en plus
désespérée.

Là encore, je ne vois qu'une solution : Moscou.
Je me tourne vers les dirigeants de la nouvelle
Russie qui se déclarent prêts à prêter main-forte à
Luanda, à condition évidemment d'être payés en
retour. Une aide d'ordre militaire, puisqu'il s'agit
d'organiser l'acheminement sur place de matériel
de guerre performant.

La séquence suivante se déroule sur quelques
mois. Je monte un groupe de travail composé d'une
trentaine d'anciens dignitaires de l'armée soviétique, dont pas mal de généraux. Transportés sur
place, ils font connaissance avec le théâtre des opérations et prennent rapidement la mesure des
besoins. Pour les fournitures, l'État russe choisit de
travailler avec une société slovaque créée en 1947,
ZTS Osos, longtemps dans la sphère du pouvoir
soviétique. Une entreprise qui n'a rien d'une société
fictive… et dont je ne suis aucunement actionnaire,
je tiens à le préciser. Comme je souligne au passage
que les responsables politiques français n'ont pas
eu leur mot à dire au sujet de transactions qui ne

les concernaient en rien, contrairement à ce que prétendra des années après la justice française.

Certains parleront de « trafic d'armes », mais les camions, les pièces de rechange et les munitions ne sont pas vendus à l'Angola dans un bar louche de Pigalle : exportés par le ministère de la Défense russe, ils sont acquis par le ministère de la Défense angolais, avec toutes les autorisations et tous les documents de douane requis. Les services secrets français rédigent d'ailleurs à l'époque plusieurs rapports allant en ce sens : pour eux, ces armes sont bien fournies par l'État russe. Il ne pourrait d'ailleurs pas en être autrement, tout simplement parce qu'il faudrait trop de certificats à un indépendant pour s'immiscer dans un tel circuit. Les mêmes, probablement mal informés, fantasmeront également sur la quantité de matériel exportée. Ils évoqueront la livraison de quatre cent vingt tanks russes, sans savoir que l'armée française ne dispose même pas d'un tel parc !

En quelques semaines, épaulée par ses conseillers russes et désormais dotée d'un équipement approprié et relativement moderne, l'armée angolaise fait reculer la rébellion. En quelques mois, c'est une guerre civile de vingt ans qui s'achève grâce à notre soutien logistique, sous les regards approbateurs des dirigeants des pays limitrophes, longtemps utilisés comme bases arrière par les nationalistes et leur leader, Jonas Savimbi, dont le corps est bientôt retrouvé sous les décombres de sa planque. Victime d'un raid héliporté des commandos spéciaux, conduit sur la base d'informations fournies par un matériel électronique très sophistiqué fourni à la présidence angolaise par une société française, la Compagnie des signaux.

Les Occidentaux ont perdu leur cheval de Troie, mais la zone tout entière retrouve son calme, alors que Mandela s'installe aux commandes d'une Afrique du Sud libérée de l'apartheid. Un résultat inespéré dont les autorités locales nous créditent au point de nous faire citoyens angolais, puis de proposer notre rattachement officiel au ministère des Affaires étrangères du pays. Cela va évidemment faciliter nos affaires, sachant que plusieurs banques russes acceptent désormais de financer notre développement sur place et qu'une société internationale spécialisée dans le négoce d'hydrocarbures, Glencore, se porte volontaire pour acheter notre pétrole.

Que l'on soit bien clair cependant : j'ai favorisé les contacts entre les Angolais et les Russes, mais je n'ai eu en aucune façon mon mot à dire sur le choix du matériel militaire. Comment aurais-je seulement pu prétendre équiper l'armée d'un pays ?

Pierre Falcone, ce manitou

Pierre Falcone a installé ses bureaux avenue Kléber, à Paris, dans une ancienne annexe du ministère des Affaires étrangères aménagée dans le style

Napoléon III, qu'il a pris plaisir à truffer de gadgets électroniques qui ne servent à rien. Cet homme a un talent fou pour promettre monts et merveilles. Il trône fièrement devant une carte du monde sur laquelle il a fait installer de petites lumières signalant les endroits où il est en affaires. Il en a par exemple planté une sur la capitale du Kazakhstan, où je l'ai amené une fois pour rencontrer le président.

Parce qu'il pense qu'il le vaut bien, Pierre Falcone fait imprimer des cartes de visite au nom de la société slovaque ZTS Osos. Encore une pure fiction de sa part, destinée à jeter de la poudre aux yeux de ses interlocuteurs, car aucune société de cette sorte n'a jamais été enregistrée en France. Pour les mêmes raisons, il demande à ses nombreuses secrétaires de taper de longues listes de matériel militaire russe, des listes ne correspondant à rien, mais qui feront bientôt frétiller d'aise la police et la justice françaises, soucieuses de démontrer que nous formons une paire de brigands de haut vol et que nous aurions dû déclarer en France les ventes d'armes slovaques à un pays africain ! (À toutes fins utiles, une petite précision : je n'ai jamais apposé ma signature sur aucun de ces listings, pas plus que sur aucun des documents saisis par la justice.) Sans oublier, bien entendu, le fait que nous aurions corrompu la terre entière pour parvenir à nos fins.

Pierre Falcone aime parader et se faire passer pour un « grand manitou ». Ce n'est pas au pied de la tour Eiffel que l'on risque de trouver un char russe, mais il fait comme si. Ni les armes que les Russes vendent aux Angolais ni le pétrole que nous leur achetons ne transitent par la France, mais il en rêverait.

Notre seul point d'ancrage en territoire français se situe du côté de la banque Paribas, dont les bureaux parisiens exercent à l'époque une sorte de monopole dans le négoce du pétrole. Le chef du département pétrole s'appelle Alain Bernard, un homme aussi énergique que respecté dans ce milieu, malheureusement décédé depuis à la suite d'un grave accident de polo, non sans avoir tenté de s'implanter en Russie. Rassuré par l'implication à nos côtés de l'opérateur anglais Glencore, il a accepté de garantir le compte ouvert au nom de la société slovaque à partir duquel nous payons les opérateurs impliqués dans nos opérations avec l'Angola...

Pierre Falcone brasse énormément d'air, et son secret consiste à étoffer sans cesse le tissu de ses relations. Notre partenariat en Angola accroît sans conteste sa puissance financière, et il sait en jouer. Je l'ai introduit auprès de mon avocat fiscaliste, maître Allain Guilloux. Au détour d'une conversation, il demande à cet avocat de lui présenter Jacques Attali, ancien conseiller du président de la République François Mitterrand. Il lui commande aussitôt une étude sur le microcrédit en Afrique, qu'il rémunère généreusement, malheureusement pour Jacques Attali à partir d'un compte que la justice prétendra alimenté par des activités illégales… Un exemple parmi d'autres.

Nous réalisons bel et bien quelques bénéfices, mais loin des sommes colossales qui seront évoquées plus tard par la justice française. En attendant, Pierre Falcone continue à me présenter à tout le monde comme son… interprète. Un petit rôle qui m'aurait certainement attiré beaucoup moins d'ennuis et m'aurait évité, entre autres choses, de nouvelles inimitiés en provenance de la DGSE, où quelques analystes avaient misé sur la victoire en Angola de Jonas Savimbi et de son mouvement hors la loi.

La dette angolaise change de mains

C'est à cette époque qu'intervient l'épisode de la dette. Mon idée, apparemment folle, consiste à rembourser à la Russie la dette de l'Angola. Je l'annonce tel quel au ministre des Finances de Russie, Michael Kasianov, dont j'ai fait la connaissance par l'intermédiaire du numéro deux du ministère, Andreï Vavilov, l'homme vers lequel je me tournerai à l'heure de trouver le moyen de récupérer vivants les pilotes français retenus en otages en Bosnie. Je lui propose de mettre en place un système innovant dans l'histoire des relations financières entre les États. Loin de me freiner, il m'encourage.

La Russie a besoin de liquidités pour nourrir le moteur de sa jeune histoire et prouver sa bonne santé aux pays occidentaux, seule façon de se voir à nouveau prêter des fonds à des taux pas trop élevés. La dette accumulée vis-à-vis d'elle par l'Angola s'élève officiellement à 8 milliards de dollars, soit l'addition de toutes les livraisons de l'Union soviétique à ce pays ami, qui l'a prise pour modèle. Les employés du ministère des Finances plongent dans la documentation et découvrent qu'une main a comptabilisé toutes ces livraisons, alors même que personne ne pensait que la note serait vraiment réglée un jour. Les livres de comptes de l'ex-URSS étaient bien tenus, et l'on arrive à un montant vraiment exigible de 5,5 milliards de dollars, factures à l'appui.

Selon les règles édictées par le Club de Paris, qui régit les dettes, l'Angola appartient à la catégorie des pays qui peuvent prétendre à de sérieux rabais à l'heure de rembourser, avec des délais susceptibles de s'étaler jusqu'à 25 ans. La Russie est évidemment prête à des concessions. Le remboursement de la dette angolaise aurait valeur de démonstration pour elle. Si ce pays africain surendetté et en proie à une interminable guerre civile parvient à rembourser, alors tous les espoirs sont permis quant aux autres débiteurs. Ce serait un signe très important adressé aux banquiers occidentaux.

Je me rends donc à Luanda avec une forme de quitus accordé par le ministre russe des Finances.

Reçu par José Eduardo Dos Santos, je lui tiens à peu près ce discours :

« À ce jour, monsieur le Président, 80 % de la dette extérieure de votre pays est due à la Russie. Cette dette plombe l'exportation de votre principale ressource, le pétrole, sachant que le prix du baril de brut angolais intègre forcément le coût de l'argent, très élevé pour un pays aussi endetté que le vôtre. Sans cette dette, vous vendriez votre pétrole environ 4 % plus cher. Je vous propose de rembourser votre dette vis-à-vis de la Russie, ce qui devrait vous permettre d'équilibrer très rapidement vos comptes. Avec toutes les déductions que nous sommes prêts à consentir, non seulement vous pouvez apurer la situation en moins de deux ans, mais nous vous achetons dès aujourd'hui votre pétrole au prix que vous le vendriez si le pays n'avait aucune dette, autrement dit 4 % plus cher. »

Le commerce du pétrole a besoin de sécurité pour prospérer. La valeur de la marchandise est fixée en fonction des garanties entourant la capacité de pompage et les conditions de livraison. Il est évident que l'Angola a tout à gagner à parapher le contrat que je lui propose ! Mes interlocuteurs le comprennent bien, eux qui sont entourés par une administration nettement plus expérimentée que celle qui a vu le jour en Afrique du Sud sur les fondations de l'ANC, mouvement tout aussi marxiste que l'était le MPLA, mais dépourvu de l'expérience de ce dernier en matière de gestion.

Le 20 novembre 1996, les deux États signent, par mon intermédiaire, un accord historique. Après une ultime remise, la dette de l'Angola vis-à-vis de la Russie est fixée à 1,5 milliards de dollars. Elle sera remboursée sur vingt ans, après cinq années de grâce pendant lesquelles l'Angola ne devra rien. Passé ce cap, Luanda versera 100 millions de dollars par an.

Le remboursement prend la forme de trente et une lettres de créance d'un montant de 48 millions de dollars chacune. La suite est tout aussi inédite. Les lettres de créance signées par l'Angola atterrissent dans les coffres du ministère russe des Finances. Elles sont parfaitement monnayables, comme peuvent l'être un stock d'or ou de diamants ou n'importe quel autre instrument financier. Avec Pierre Falcone, je propose donc de les racheter. Sachant qu'elles ne rapporteront rien avant cinq ans à leur propriétaire, qu'elles ne seront couvertes qu'au bout de vingt ans et que l'Angola peut très bien tomber en faillite entre-temps, nous offrons de les payer cash à la moitié de leur prix, soit 750 millions de dollars. Comme on dit dans le monde des affaires, mieux vaut 100 dollars tout de suite que 500 dollars dans vingt ans !

Ce serait pour la Russie une très bonne opération, estiment mes deux interlocuteurs, le ministre des Finances et son vice-ministre, Andreï Vavilov, un frêle jeune homme à lunettes, pur produit de la comptabilité à la soviétique, un métier assez peu considéré !

Ce serait également une excellente opération pour nous, car j'ai pris soin de signer au préalable un accord avec l'Angola : je pourrai utiliser ces « billets à ordre » pour acheter du pétrole angolais, considéré comme l'un des meilleurs au monde. Je me suis également mis d'accord avec la société pétrolière Glencore, qui va commercialiser ce pétrole et l'acheminer vers la côte est des États-Unis, devenant ainsi un opérateur de taille mondiale.

Chacun y trouvant largement son compte, le montage prend forme. De 1996 à 2001, nous versons 750 millions de dollars à la Russie, sans aucun mal étant donné les profits que nous réalisons avec le pétrole. Certains disent que le pays, dont les comptes sont à l'époque à la limite de la rupture, a pu survivre grâce à cette manne. Cet afflux de liquidités permet en effet au ministre russe des Finances d'obtenir des prêts dans des conditions satisfaisantes, avec à la clef la possibilité de payer médecins, policiers et instituteurs. Seul le juge français Philippe Courroye y verra le mal, comme on le comprendra au chapitre suivant, même après que les investigations qu'il aura déclenchées en Suisse déboucheront sur un classement sans suite.

L'Angola devient pour sa part le premier pays du tiers-monde à apurer intégralement sa dette, et cela en moins d'un an, tandis que son pétrole se vend plus cher. Un apport financier inespéré qui permettra à ce pays d'Afrique australe de redresser la tête et de devenir bientôt une puissance régionale respectée, exerçant son influence au-delà de ses frontières, jusqu'en Afrique du Sud et au Congo voisin. J'investis en même temps sur place. J'expédie notamment une dizaine de bateaux de pêche, de quoi renforcer une flotte très affaiblie et jeter les bases du développement de la pêche industrielle – mais certainement pas de quoi porter la guerre sur le front maritime, comme le prétendront encore des détracteurs très mal informés ! J'ouvre enfin sur place une société agricole qui deviendra bientôt l'une des vitrines du pays.

La tuile

Un jour, l'« écrivain à succès » Paul-Loup Sulitzer me transmet à Paris un message de la part des autorités de la République démocratique du Congo. Le gouvernement de ce pays frontalier avec l'Angola souhaiterait importer un certain nombre de camions. Une demande écrite explicite est même expédiée à Pierre Falcone – depuis 1989, je n'ai pas de bureau ni d'adresse de travail à Paris. Je ne donne pas suite à cette demande, mais le courrier tombera bientôt sur le bureau d'un juge d'instruction parisien convaincu de tenir entre les mains une affaire d'État : Philippe Courroye. Datée de 1999, cette lettre lui permettra de contourner la prescription et d'enquêter sur toutes les commandes passées par l'Angola auprès de la Russie entre 1993 et 1995, époque à laquelle nous faisions office, Pierre Falcone et moi-même, d'agents payeurs de Luanda...

CHAPITRE 10

L'affaire

Le front judiciaire s'élargit

« Angolagate » : le mot frappe l'imagination. L'affaire entre dans les orgues judiciaires précisément deux semaines après que Charles Pasqua a annoncé sa probable candidature à l'élection présidentielle de 2002, sous les couleurs de son nouveau parti, le Rassemblement pour la France (RPF). C'est le moment de lui coller sur le dos l'« abominable mafieux russe », décoré par-dessus le marché d'une médaille habituellement réservée aux Français honnêtes et méritants…

Les événements qui servent de prétexte à la justice n'ont strictement aucun rapport avec moi, ni avec l'Angola, ni même avec Charles Pasqua. À la fin de 1998, la police parisienne interpelle des manouches soupçonnés de vol avec séquestration. Pour leur défense, ils affirment avoir soutiré 300 000 francs (45 000 euros) en espèces à un ressortissant marocain que je ne connais pas. Trouvant curieux que la victime ne se soit pas déclarée à la justice, elle subodore un vice caché. Vérifications faites, cet homme d'affaires marocain aurait touché sous le manteau une partie du produit de la vente de son appartement. Pour approfondir la question, on désigne un juge d'instruction. Ce sera Philippe Courroye, tout juste promu à Paris après avoir défrayé la chronique à Lyon, où il a épinglé à son tableau de chasse un homme politique de renom, Michel Noir, un temps présenté comme la relève de la droite française (et qui faisait déjà de l'ombre à Jacques Chirac, prompt à s'appuyer sur la justice pour écarter ses rivaux). Loin de cette affaire retentissante et fortement médiatisée, voilà l'ambitieux magistrat subitement et étrangement saisi d'une minuscule histoire de dissimulation fiscale, à l'automne 1999...

L'enquête conduit bientôt le juge à mener une perquisition dans les bureaux de l'avocat fiscaliste de ce Marocain devenu suspect, le 3 juillet 2000. C'est là que commencent nos ennuis, parce que cet avocat, ancien membre de l'administration fiscale et excellent technicien, se trouve également être mon propre conseiller. Plus ennuyeux encore, je lui ai présenté Pierre Falcone...

Philippe Courroye revient le lendemain au cabinet de l'avocat, puis le surlendemain, comme s'il avait mis au point un véritable plan de bataille. Il emporte avec lui les dossiers « Falcone » et « Gaydamak », et plus personne n'entendra jamais parler du Marocain racketté !

Le juge a-t-il été mis sur notre piste par quelque canal secret ? Savait-il par avance ce qu'il venait chercher chez l'avocat fiscaliste ? C'est ma conviction. Le fisc est en effet sur notre trace depuis la brouille survenue entre Pierre Falcone et Jean-Bernard Curial, cet homme d'affaires qui s'estime floué par la façon dont nous avons pris en main le marché angolais et cherche par tous les moyens à revenir dans le jeu. Pierre Falcone a eu le tort de ne pas tenir tous ses engagements vis-à-vis de lui, et cette erreur est également à l'origine de plusieurs articles très à charge contre nous publiés dans la presse durant l'automne 1996, notamment dans les colonnes de l'hebdomadaire *L'Événement du jeudi*. Les enquêteurs du fisc ayant leurs entrées au siège de la police judiciaire, il est probable qu'ils ont discrètement téléguidé la main du juge d'instruction, sans qu'il s'en rende forcément compte. Tout cela à cause d'un banal différend commercial ! D'un accident de parcours.

Les rivaux de l'avocat Allain Guilloux sont peut-être aussi pour quelque chose dans l'allumage de la fusée judiciaire, sur fond de bisbilles financières entre associés. Des bisbilles que j'ai largement contribué à attiser en proposant à maître Guilloux d'occuper, moyennant un petit loyer, l'appartement dans lequel j'habitais jusque-là, avenue Raymond-Poincaré, non loin de la place Victor-Hugo, à Paris. L'endroit lui plaisait. Me voyant déménager, il m'avait demandé s'il pouvait s'y installer. J'ai accepté, avec à la clef un petit arrangement amiable sur ses honoraires, arrangement qui a déplu à certains, à commencer par les partenaires avec lesquels il partageait son cabinet. Faut-il y voir un lien de cause à effet ? Outre le fisc, c'est à cette époque que la direction centrale des Renseignements généraux entre en jeu, pondant à mon sujet note sur note, toutes plus extravagantes les unes que les autres. Notes dont j'ai du mal à croire qu'elles n'aient pas été glissées d'une façon ou d'une autre sous le nez du juge, de façon à orienter discrètement son travail.

Au beau milieu de cette première ligne droite, surgit un document mystérieusement antidaté, détail que ne manqueront pas de relever plusieurs avocats.

Mis en examen pour abus de confiance et blanchiment aggravé, l'avocat Allain Guilloux est écroué. Nous n'en sommes qu'aux prémices d'un parcours prometteur, et le juge sait (à nouveau) exactement ce qu'il cherche lorsqu'il frappe à la porte du ministère des Affaires étrangères. Il se rend sans détour dans le bureau d'un vieil ami de Jean-Bernard Curial, Georges Serre. Il entend se saisir d'une note rédigée plus de cinq ans auparavant au sujet de mes relations commerciales avec l'Angola. Une note qui n'avait déclenché en son temps aucune sorte d'enquête, parce que ses destinataires avaient jugé qu'il n'y avait pas matière à poursuivre judiciairement. Mais voilà qu'à l'orée d'une élection importante le financement de nos opérations avec Luanda passionne en haut lieu. Toutes nos transactions pétrolières ont été supervisées par la banque Paribas, elles ont toujours été considérées comme légales, et l'on voudrait brusquement qu'elles soient délictueuses !

La mécanique est en marche, dans laquelle je suis l'indispensable grain de sel, avec mon train de vie au-dessus de la moyenne et mes origines russes. De quoi justifier une longue investigation aux yeux du public ! Je n'ai pas de bureau à Paris à cette époque ? Je suis à l'étranger depuis 1989 ? Aucun document ne me relie à un quelconque trafic d'armes ? Peu importe, pourvu que le dossier s'emballe !

À partir d'une simple affaire fiscale, on fabrique une affaire d'État sur le seul fondement du fameux article paru dans *L'Événement du jeudi*, journal aujourd'hui disparu, dont une copie a été trouvée par le juge dans les dossiers saisis chez maître Guilloux. Assez probant aux yeux du juge pour demander au parquet d'ouvrir un nouveau front judiciaire, dépassant largement le cas du Marocain. Peu importe que l'on respecte scrupuleusement les canons du droit, puisque les ventes d'armes sont moralement répréhensibles ! S'il le faut, on expliquera même que la dizaine de bateaux de pêche que j'ai envoyés en Angola étaient en fait destinés… à faire la guerre.

Armes, riz, médicaments

Comme je l'ai raconté au chapitre précédent, notre aventure angolaise est partie d'une rencontre fortuite entre Jean-Christophe Mitterrand et Pierre Falcone, informé de la dégradation du climat à Luanda par l'homme d'affaires tiers-mondiste Jean-Bernard Curial. Le fils d'un ancien président de la République, un homme d'affaires sorti de nulle part et un amoureux de l'Afrique qui décident qu'il faut absolument venir en aide à un gouvernement en péril, loin des circuits officiels, ce n'est pas crédible. C'est pourtant la vérité, et comme l'armée de ce pays africain est équipée depuis des lustres de matériel soviétique, Pierre Falcone, qui aime se rendre indispensable, m'a fait entrer dans la ronde, avec à la clef l'embellie financière que l'on sait…

Au moment où s'effectuent ces livraisons, personne n'a rien à y redire. Le fisc français opère à chaud une razzia dans les bureaux de Pierre Falcone, et pendant cinq ans ces documents désormais « suspects » sont entreposés dans les locaux de l'administration sans que personne s'en inquiète ! La seule entorse à la loi dont nous serions éventuellement coupables, c'est de ne pas avoir déclaré notre activité à la préfecture, ce qui est éventuellement punissable d'une amende. Mais Philippe Courroye cherche un biais pour démontrer que la société commerciale slovaque, ZTS Osos, dont l'actionnaire principal est un fabricant de blindés installé en Sibérie, a exercé une activité sur le sol français, et ce biais, ce sera la société de Pierre Falcone, Brenco. Une société dans laquelle je suis totalement absent, comme je n'ai jamais exercé le moindre rôle au sein de la société slovaque. Nous ne disposions même pas de la liste du matériel livré par la Russie, pas davantage que le juge d'instruction, qui doit se contenter des listes bidon tapées par les secrétaires de Pierre Falcone. Ni l'Angola ni la Russie ne jugent en effet nécessaire de mettre à la disposition de la justice française des documents classés « confidentiels défense » qui ne regardent en aucun cas la France.

Le magistrat retient l'idée que nous aurions vendu pour 790 millions de dollars de matériel à l'Angola, mais quiconque y regarderait de plus près s'apercevrait que près de la moitié de ces sommes ont en fait servi à couvrir des livraisons de médicaments et de nourriture, notamment des milliers de tonnes de riz achetées en Thaïlande, des conserves et des pâtes…

Le coup d'éclat Mitterrand

La politique, c'est avant tout l'art de capter l'électorat au moment d'une élection. Il faut savoir travailler l'opinion publique, formée par une presse qu'il est essentiel de nourrir à l'heure de favoriser tel ou tel candidat. Parlez Afrique, diamants, pétrole, corruption, opérations spéciales et vous frapperez les esprits au point de faire gagner ou perdre celui que vous avez ciblé ! L'« Angolagate » est à ce titre un cas d'école. Les services de l'État sont ouvertement détournés et utilisés pour influer sur le cours de l'élection présidentielle à venir. La justice est instrumentalisée pour briser la carrière d'un personnage trop encombrant, Charles Pasqua, et tant pis si, pour y parvenir, il faut quelque peu piétiner la procédure. Tant pis si l'on doit mettre entre parenthèse une impartialité pourtant inscrite dans les textes. Et mener une instruction judiciaire à charge en laissant de côté la recherche de preuves au profit du seul raisonnement logique.

L'unique lien qui me rattache à Charles Pasqua, c'est la libération des otages. Sa seule implication dans l'affaire, c'est le fait d'avoir rendu service à sa nation à un moment où il n'était même plus ministre de l'Intérieur, en me demandant d'intervenir pour ces Français retenus malgré eux dans des contrées lointaines et difficiles...

Mais revenons au show judiciaire, car cette justice-là est d'abord un spectacle. Jean-Christophe Mitterrand, qui n'a rien d'autre à se reprocher que de figurer dans le carnet d'adresses de Pierre Falcone, d'avoir déjeuné avec lui et d'avoir accepté un prêt de 2 millions de francs pour l'aider à bâtir une conserverie en Mauritanie, est incarcéré par Philippe Courroye en décembre 2000. À la veille de

Noël, à seule fin de mieux frapper l'imagination du public et de créer dans les médias une prévention encore plus défavorable à notre encontre. Le fils d'un ancien président de la République en état d'arrestation, voilà un coup d'éclat propre à propulser une instruction vers des sommets ! Surtout si l'on affirme que cet homme trempe dans un commerce illicite d'armes ! Le tout sous les applaudissements d'une partie de l'opinion publique, droite et gauche confondues, ravie de voir la légende Mitterrand salie, la référence morale abattue, au grand dam du camp socialiste. Une manière pour le juge de toucher le ciel, si l'on peut dire. D'entrer dans le panthéon des champions.

La même logique vaut bientôt à un magistrat, Georges Fenech, d'être à son tour embarqué dans l'« Angolagate ». Son tort : Pierre Falcone, qui avait besoin de se montrer incontournable, a cru utile de contribuer à la survie financière de la revue professionnelle lancée par son petit syndicat professionnel. Et a souscrit quelques malheureux abonnements.

En quoi ce magistrat est-il concerné par le « trafic » d'armes ? En rien, absolument rien, et pas seulement parce qu'il est à mes yeux complètement erroné de parler de « trafic » – j'insiste au passage sur le fait que ne figurait dans le matériel livré à l'État angolais par l'État russe aucune sorte de mine antipersonnel, contrairement à ce qu'une mauvaise traduction, et certainement la volonté de me nuire, laissent alors entendre.

Cependant, Philippe Courroye acquiert de jour en jour une stature nationale, à notre détriment. Il use merveilleusement de l'effroi qu'il inspire, lui qui instruit plusieurs affaires judiciaires délicates pour l'ancien président de la République Jacques Chirac.

Ma médaille dérange

Le 12 juillet 1996, l'association France-Afrique, dirigée par le gaulliste Pierre Messmer et destinée à promouvoir les relations entre Paris et les pays africains, a reçu un don de 1,5 million de francs de la part de Pierre Falcone, dont je n'étais même pas informé. Deux jours plus tard, malencontreux télescopage des dates, Jean-Charles Marchiani me remettait la médaille de l'ordre national du Mérite à la préfecture du Var…

Le rapprochement entre ce versement et la médaille sert de fondement à la construction intellectuelle de Philippe Courroye. Si cette somme a atterri dans les caisses d'une association située dans la sphère de l'ancien ministre de l'Intérieur Charles Pasqua, c'était forcément pour acheter une médaille qu'à ses yeux je ne mérite évidemment pas. La décoration m'a été officiellement attribuée près d'une année auparavant, la médaille étant un élément purement accessoire, mais le magistrat s'en moque complètement ! Et pourtant, Dieu sait si les juges s'y connaissent en médailles, eux qui passent leur carrière à en rechercher l'éclat !

En fait, ma décoration perturbe les schémas élaborés au sommet de l'appareil judiciaire. Elle dépare dans le tableau. Si je ne l'ai pas volée, si je ne l'ai pas obtenue anormalement, quelque chose ne va pas dans la démonstration. Il faut absolument transformer cette gratification en médaille de la honte. Démontrer qu'elle m'a été attribuée par copinage, comme la plupart des médailles distribuées chaque année en France. Et pour y parvenir, il est nécessaire d'occulter le fait que j'ai sauvé d'une mort certaine six officiers français envoyés sur le terrain et tombés entre des mains ennemies.

Me voilà bientôt traité comme un malpropre et tout ce qui pourrait permettre d'étayer mes dires au sujet de ces otages me semble balayé d'un revers de la main. Raymond Nart, l'ancien numéro deux de la DST, désormais à la retraite, tente à plusieurs reprises d'être entendu par le juge ? Au lieu de le convoquer, Philippe Courroye écoute longuement Yves Bonnet, cet homme qui avait quitté la DST depuis près de dix ans au moment de la libération des pilotes prisonniers en Bosnie. On laisse également le général Gallois, qui ne connaît qu'une infime partie des dessous de l'opération, exprimer sa version des faits. Mais surtout pas Raymond Nart. En saurait-il trop ?

Dans le même temps, on assiste à la mystérieuse disparition d'un document confidentiel émanant du contre-espionnage français et signé par son directeur, le préfet Jean-Jacques Pascal[1], ainsi que du courrier par lequel le juge d'instruction avait demandé officiellement sa « déclassification » – la levée du secret défense. Un document à en-tête de la Direction de la surveillance du territoire (DST), daté du 9 janvier 1998, dont je vous livre les extraits les plus significatifs :

« Au début du mois de septembre, le Préfet Jean-Charles Marchiani a contacté un homme d'affaires d'origine russe, Arcadi Gaydamak, pour évaluer la volonté et les capacités d'intervention des services russes au profit des deux pilotes (...) Suite à cette sollicitation, Gaydamak a successivement rencontré à Moscou le vice-ministre des Finances Andreï Vavilov et deux responsables des services de sécurité (FSB), le chef du contre-espionnage Victor Zorine et le directeur de cabinet Alexandre Ossatchi. À ce stade de l'affaire, M. Marchiani a été invité à participer à diverses consultations en qualité de représentant "officiel" de l'Élysée (...) Au cours du mois d'octobre, Jean-Charles Marchiani s'est rendu à Belgrade à la demande du colonel Vladimir Koulitch en compagnie de Gaydamak. Celui-ci avait loué, à ses frais, un avion sanitaire. Après un séjour de trois semaines, les deux

---

1. Voir Annexes, p. 275-276.

hommes sont revenus en France suite à l'échec de la libération (...) Au mois de décembre, Koulitch s'est à nouveau manifesté pour apprendre à Gaydamak que les pilotes allaient être remis aux autorités françaises... Par la suite, Jean-Charles Marchiani a remis l'ordre du Mérite à Arcadi Gaydamak. »

Tout est clair. Tellement clair qu'il vaut mieux que ce document passe à la trappe, ce qui se produit. Accident de parcours, telle sera la réponse du juge d'instruction ! Pour ma part, cela me donne clairement envie, par défi, de décrocher cette médaille accrochée au revers de ma veste au cours d'une journée qui restera comme l'une des plus belles de ma vie. Je sais que ce juge d'instruction inspire à beaucoup une peur bleue, mais je sais aussi combien j'ai risqué à la fois ma peau et ma situation en allant chercher ces otages !

Jeux machiavéliques

Revenons un instant à la politique franco-française et à ces coups bas que la droite se fait à elle-même. Encore sous le choc du violent combat qui mit aux prises deux camps au sein de la droite lors du précédent scrutin, en 1995, partisans de Jacques Chirac contre partisans d'Edouard Balladur, les chiraquiens prennent les devants. L'objectif principal est d'écarter toute candidature de Charles Pasqua, l'ancien compagnon qui a décidé de tracer sa propre route.

L'ex-ministre de l'Intérieur est en effet le seul qui peut empêcher Jacques Chirac d'effectuer un deuxième mandat. Il a par ailleurs le tort d'avoir misé sur Edouard Balladur en 1995. Cela suffit amplement à le désigner ennemi principal de la « Chiraquie », pour reprendre la terminologie de la presse.

Une équipe est mobilisée autour de cette échéance au sein de la DGSE, très impliquée à cette époque dans la bagarre politique… et pleine de rancœur vis-à-vis de ma contribution à la libération des otages. Mais le rôle clef revient certainement au chiraquien Dominique de Villepin. Secrétaire général de l'Élysée et homme de confiance de Jacques Chirac, il ne peut être absent de la machination mise en place, à laquelle auraient également activement participé les Renseignements généraux, dirigés à l'époque par le chiraquien Yves Bertrand.

Ne prête-t-on pas à Dominique de Villepin un goût prononcé pour le secret et les cabinets noirs ? Ce penchant particulier a été au cœur des débats lors du procès de l'affaire Clearstream, au regard de laquelle l'« Angolagate » autait été une sorte de répétition générale. Comme on tentera d'écarter de la course à la présidence Nicolas Sarkozy en 2007, à coup de listings truqués, on cherche à pousser vers la retraite un Charles Pasqua au sommet de sa carrière. Et pour atteindre cet ombrageux concurrent, rien de tel que d'associer son nom à celui d'un « mafieux russe »…

Indice supplémentaire, à mes yeux, de l'implication des mêmes petites mains dans les deux scandales, je retrouverai mon nom dans les listings trafiqués de la société de compensation luxembourgeoise Clearstream, dans lesquels a été introduit le patronyme complet du père de Nicolas Sarkozy. Pas seulement le mien, puisque l'intégralité des quarante-deux noms cités dans l'« Angolagate » ont été glissés dans les listings, jusqu'au chauffeur et au concierge de l'immeuble.

Les manipulateurs ne se sont d'ailleurs pas contentés de ramasser ce qui avait été publié par la presse, puisque figurera également dans ces listings le nom du comptable d'une société fiduciaire luxembourgeoise, Patrick Afflelot, directeur de l'une de mes sociétés offshore, dont la trace n'apparaît que dans les documents saisis au cabinet de l'avocat Allain Guilloux. Dans l'esprit des concepteurs du trucage Clearstream, je suis l'épice indispensable, le piment qui donnera du corps au montage !

Je voudrais bien me tromper, mais à qui profite le crime ? Qui voulait à tout prix que Charles Pasqua ne participe pas au scrutin électoral de 2002 ? Je vois beaucoup plus de jeu machiavélique que de justice derrière l'affaire qui me pousse à quitter discrètement la France, par la petite porte. Même s'il ne devait pas rassembler plus de 5 % des voies conservatrices, la présence de Charles Pasqua au pied des urnes aurait changé la physionomie des résultats. Le vieux leader d'extrême droite Jean-Marie Le Pen aurait pu ne pas se retrouver au second tour de l'élection présidentielle face à Jacques Chirac… qui aurait alors pu être battu par le candidat de la gauche, l'ancien Premier ministre Lionel Jospin.

Quelle que soit l'identité des manipulateurs, cette affaire s'apparente à un coup d'État des temps modernes. Tout a été intelligemment calculé, pesé, jusqu'au choix du juge d'instruction. La seule différence entre l'« Angolagate » et l'affaire Clearstream, finalement, c'est que le stratagème n'a pas fonctionné aussi bien la deuxième fois, puisque Nicolas Sarkozy a bien été élu chef de l'État et ses présumés accusateurs traduits devant les tribunaux, alors que Charles Pasqua a été définitivement mis sur la touche. Pour le reste, la tactique est la même : on monte une affaire et on met la justice sur le coup, dans l'espoir d'obtenir un retentissement médiatique maximal.

Mes chiens

« Si je n'ai pas Gaydamak, j'aurai ses chiens ! » Ce sont les propos qu'aurait laissés échapper le juge Philippe Courroye lors de sa perquisition de la maison du cap d'Antibes, alors que lui et les policiers qui l'accompagnent s'ébahissent devant les sols en marbre et les généreux jacuzzis.

C'est effectivement ce qui se produit : embarqués et placés quatre mois dans un chenil, mon énorme napolitain et le petit caniche de ma fille voient leur santé lentement décliner. De la taille d'une panthère, le napolitain meure d'une forme de cancer peu après qu'on me l'a rendu. Quant à celui qui m'a vendu la maison, il ne s'en sort qu'en coopérant pleinement avec le juge, autrement dit en expliquant qu'il ne savait pas que son acheteur était un « mafieux ». Un peu plus et il se retrouvait complice de blanchiment aggravé, simplement parce que j'ai acheté la maison à partir de comptes ouverts sur l'île anglaise de Jersey, eux-mêmes alimentés par le commerce de pétrole avec l'Angola...

Le même raisonnement fait peser une lourde suspicion sur l'appartement de l'avenue Raymond-Poincaré, pourtant acheté en 1989, bien avant ma rencontre avec les Angolais, avec l'appui d'un important prêt bancaire... et pour toute mise de fonds le produit de la revente d'un appartement acheté en 1976, alors que je n'avais que 24 ans ! Avec à la clef les ennuis que l'on sait pour l'avocat Allain Guilloux.

Un jour de l'année 2001, à la fois déboussolé et excédé, je me permets de téléphoner directement à Philippe Courroye et lui pose la question qui me chiffonne :

« Où voulez-vous en venir exactement avec cette instruction entièrement à charge, monsieur le juge ?

– Je ne donne pas de conférences par téléphone, répond le magistrat d'une voix particulièrement cassante. Si vous avez quelque chose à me dire, venez me voir à mon bureau. »

Un unique échange qui me vaudra pendant des années des allégations fumeuses selon lesquelles j'aurais menacé le magistrat.

Le principal obstacle judiciaire à sa démonstration, c'est que le contrôle du commerce d'armement relève en France du ministère de la Défense. Il apparaît donc, après deux ans d'une instruction tapageuse, que le dossier est entaché par un vice de forme. C'est du moins la chambre d'instruction, une instance supérieure, qui le dit en 2002. Comme il est impossible de faire marche arrière, on demande au nouveau ministre de la Défense, le socialiste Alain Richard, d'ordonner une enquête pour tenter de régulariser la situation et de se mettre en conformité avec la loi. Il s'exécute, de crainte de passer pour quelqu'un qui couvrirait cet affreux « trafic ».

Cette nouvelle plainte est cependant entachée à son tour d'irrégularité, parce que l'on a beau scruter le ciel et la mer, on ne trouve trace d'aucun aéronef ni d'aucun navire traversant l'espace aérien français ou les eaux territoriales françaises, chargé d'armes russes à destination de l'Angola. La seule issue consiste à expliquer que l'on a appris, en lisant la presse, que Pierre Falcone et Arcadi Gaydamak se livraient au commerce d'armes... Une première dans l'histoire de la justice française, mais l'on fait fausse route : Brenco, la société de Falcone, n'a jamais opéré dans le commerce d'armes parce qu'elle n'avait aucune licence pour cela. Nous avons juste cédé des garanties pétrolières à la Russie, moyennant la fourniture de matériel militaire à l'Angola. Le reste n'est que poudre aux yeux, comme le nombre de blindés cité dans le dossier : avec quatre cent vingt chars, on pourrait sans problème envahir l'Europe ! Quant à la livraison de navires de guerre, c'est tout simplement absurde, puisque l'Angola ne dispose pas de marine !

Malgré cela, le juge estime utile de placer des scellés sur la porte de notre appartement familial, à Paris, officiellement pour « sauvegarder les preuves ». Pendant trois ans, il en bloque tout accès à mon épouse et à nos enfants, l'année même où l'une de nos filles passe son baccalauréat. Il fait saisir au passage les bijoux des enfants. Dans quel but ? Je ne vois pas comment le fait de priver pendant dix ans mes filles de leurs petites bagues pourrait aider à la manifestation de la vérité…

On va jusqu'à ordonner la destruction de l'Îlette, ma maison du cap d'Antibes, une démolition unique dans les annales. Tellement incroyable qu'un habitant de la région présentera un jour des excuses à ma fille, au nom de la France…

« *Connaissez-vous Charles Pasqua ?* »

Dans l'espoir d'alourdir la barque, le juge d'instruction tricote un nouvel épisode. Il s'empare de la médaille d'or attribuée à un couple franco-russe lors des Jeux olympiques d'hiver de Salt Lake City et tente d'accréditer l'idée que ce titre aurait été plus ou moins « acheté ».

Sur quoi se base-t-il ? Avant la compétition, la patineuse d'origine russe a téléphoné à l'un de ses conseillers, un ancien joueur de foot ouzbek devenu agent sportif, installé à Paris :

« Oncle Alek, je suis très anxieuse pour demain, lui a-t-elle en substance confié à la veille de la compétition.

– Je te garantie que tu auras ta médaille d'or », a répondu l'agent, en guise d'encouragements, à cette jeune fille déjà plusieurs fois sacrée championne olympique et championne du monde dans le passé.

La conversation a été enregistrée et Alek se retrouve soupçonné d'être intervenu pour peser sur les notations du jury et favoriser la patineuse (il n'a jamais mis les pieds aux États-Unis… et ne parle pas un mot d'anglais). Il est arrêté en Italie à la demande de Philippe Courroye qui se déplace pour aller l'interroger. Et quelles questions croyez-vous qu'il lui pose ? « Connaissez-vous Charles Pasqua ? Lui avez-vous versé de l'argent ? » Tout cela parce que le « tonton » en question a lui aussi, à un moment, figuré dans les listes de présumés « mafieux russes » élaborées en France par les Renseignements généraux.

Pour agrémenter encore le dossier, on en appelle à l'actrice Charlotte Rampling, soupçonnée d'avoir acheté une voiture avec les bénéfices des ventes d'armes. On embarque Jean-Michel Tassez, un communicant très connu en France, parce qu'il aurait ouvert son carnet d'adresses aux « trafiquants d'armes ». On sort enfin de son écrin doré l'« écrivain » Paul-Loup Sulitzer, que j'ai eu le malheur de présenter à Pierre Falcone. Ce malheureux Sulitzer qui n'a de cesse de promouvoir son image et son nom, une technique qui lui réussissait parfaitement tant qu'il produisait des livres qui tenaient à peu près la route, que le maire de Paris Jacques Chirac célébrait son mariage et que le rockeur Johnny Hallyday acceptait de compter parmi ses relations… Et qui, après m'avoir aimablement proposé d'intercéder en ma faveur auprès de l'administration fiscale, m'a un jour de l'année 1996 introduit auprès de son avocat fiscaliste, maître Allain Guilloux, ainsi que de quelques banquiers facturant très cher leurs services et leurs conseils…

Sulitzer convoqué, Sulitzer entendu, le scandale s'étoffe de jour en jour de stars venues de tous les horizons. L'« auteur à succès » s'en sort cependant mieux que l'avocat. Malmené, incarcéré, ruiné, Allain Guilloux se ne se laisse pas abattre pour autant.

« Chargez Gaydamak et on vous libère ! lui lance un jour le juge au milieu d'une nouvelle audition.

– Je ne suis pas un héros, mais je ne sais rien qui puisse vous être utile », réplique Allain Guilloux.

Sa licence d'avocat lui est retirée alors qu'il est l'un des fiscalistes les plus courus sur la place de Paris. Il reste surtout sous les verrous pour sa participation à un hypothétique blanchiment d'argent.

C'est l'acteur Gérard Depardieu qui signe finalement le chèque de la caution réclamée par le juge d'instruction afin que l'avocat puisse sortir de prison. Acteur contre magistrat, c'est le choc des symboles. Pour Philippe Courroye, le geste amical de la star française sonne comme une forme d'échec, du moins sur le plan médiatique, mais il n'a pas dit son dernier mot.

Bien plus tard, l'avocat fiscaliste fera condamner l'État pour détention arbitraire, mais pour l'heure personne ne juge utile d'instruire la plainte contre X qu'il dépose. Comme si l'on ne tenait surtout pas à connaître les dessous de cette erreur de la justice. Comme si l'on ne voulait pas découvrir les véritables motivations du magistrat...

Philippe Courroye poursuit cependant son ascension. La semaine même où il quitte le pôle financier du palais de justice de Paris, déjà nommé par décret présidentiel au poste envié de procureur de la République au tribunal de grande instance de Nanterre, il rédige l'ordonnance de renvoi du sulfureux dossier « Angolagate » devant les tribunaux.

Mettra-t-il son nez dans les affaires sensibles du département des Hauts-de-Seine, le fief du président Nicolas Sarkozy ? Pas si simple... En attendant, il vient de faire très fort : officiellement nommé à son nouveau poste en mars 2007, il renvoie notre dossier un mois plus tard, alors qu'il n'est plus juge d'instruction. Une anomalie que soulèvera vainement l'un de mes avocats parisiens, en insistant sur le fait que la signature aurait dû être apposée par son successeur, non par lui !

Le procès

Le procès de l'« Angolagate » s'ouvre le 6 octobre 2008 devant la 11ᵉ chambre du tribunal correctionnel de Paris. Je suis les audiences à distance depuis Jérusalem. Par le biais de mes avocats, de mes amis et des articles de presse, je me tiens informé jour après jour du climat qui règne dans la salle d'audience. Avec quarante-deux prévenus, il ne faut pas moins de six mois pour évoquer l'affaire, lourde de plusieurs centaines de tomes.

Malgré toutes ses qualités, Pierre Falcone confirme qu'il est davantage un homme d'apparences qu'un businessman. Il sait à peine ce que les Russes ont vraiment fait en Angola et n'est malheureusement pas en mesure d'éclairer les magistrats au sujet de ventes d'armes qui mobilisèrent des centaines de personnes, des dizaines de bateaux et autant d'avions.

J'aurais voulu être là pour expliquer que toute cette marchandise a été contrôlée par les douanes, qui connaissaient parfaitement sa destination, et que jamais nous n'avons contourné le moindre embargo. Vendre des armes à Jonas Savimbi, le chef de la guérilla soutenu par une partie du gouvernement français, aurait été illégal, mais jamais la Russie n'a fourni le moindre canon à cet homme porté à bout de bras par le régime d'apartheid sud-africain ! Moscou a soutenu et armé le gouvernement officiel, reconnu par la communauté internationale.

J'aurais voulu être sur le banc des accusés pour dire qu'en lieu et place de toutes ces personnes, ce sont bien l'État russe et l'État angolais qui auraient dû comparaître. Du moins si l'on considère utile de poursuivre tous les policiers devant la justice pour port d'armes… dans l'exercice de leurs fonctions.

Comment peut-on m'incriminer pour un « abus de bien social » alors que je ne suis ni propriétaire ni actionnaire d'aucune société en France ? Comment peut-on m'inquiéter pour « trafic d'influence », à moins de soutenir que je ne méritais pas la médaille ? Je veux bien admettre que j'ai apporté une assistance financière décisive à l'Angola afin que ce pays puisse recevoir très rapidement des armes de la part de la Russie, au début de 1993. Je veux bien reconnaître que ces livraisons ont eu pour conséquence principale l'arrêt définitif d'une guerre civile qui durait depuis vingt ans, mais il n'y a là rien de délictueux. D'autant que ces envois de matériel militaire ont cessé en 1995, contrairement à ce que croit pouvoir affirmer la justice, se fondant sur la seule lettre d'un ministre des Transports congolais avec lequel était en contact l'« écrivain » Paul-Loup Sulitzer. Une lettre à laquelle je n'ai jamais donné suite, mais qui a permis à l'accusation de me faire passer pour le dirigeant de la société slovaque ZTS Osos !

Le juge Philippe Courroye se trouve un jour devant le tribunal, à la demande d'un certain nombre d'avocats. On l'interroge sur le fameux document disparu, cette note de la DST qui relate le travail que j'ai effectué pour obtenir la libération des otages français, déclassifiée après la demande qu'il a lui-même formulée le 11 octobre 2001. « Cette pièce ne me dit rien », se contente d'observer le magistrat. Était-ce à ses yeux un document trop favorable à mon égard ? La preuve que je n'avais pas seulement sauvé des militaires français, mais contribué à détendre les relations entre la Serbie, la Russie et la France ?

Les magistrats ne se prononcent malheureusement pas toujours sur les faits, rien que sur les faits. Autrement, ils n'auraient jamais condamné Charles Pasqua pour « corruption passive » à cause de cette seule médaille. Ils n'auraient pas non plus condamné à trente mois de prison Alain Guilloux, qui n'a jamais encaissé le moindre centime dans cette affaire.

Le cas de Pierre Falcone est un peu différent. Il a certes vendu aux Angolais une Safrane blindée mise au point par la Sofremi, une structure liée au ministère de l'Intérieur français et spécialisée dans l'exportation de matériels de ce genre. Il s'est également beaucoup agité, mais le ministère de la Défense russe ne connaissait même pas son existence, pas plus que Pierre Falcone ne connaissait le nom de la banque russe sur laquelle nous nous sommes appuyés ! Malgré tout, le voilà accablé d'une peine de six ans de prison ferme. À égalité avec moi. Un verdict qui ne fait que renforcer ma conviction selon laquelle cette affaire a été entièrement téléguidée, depuis le début. J'ai le sentiment que la vérité n'avait guère d'importance aux yeux de la justice, qu'il s'agissait plus certainement de préserver les intérêts de l'un de ces groupes d'influence qui sont au cœur du pouvoir en France...

Flop fiscal

En France, les politiques se mettent volontiers à genoux devant la justice. Cette attitude finit par donner aux magistrats un tel sentiment de pouvoir qu'ils font des fautes, comme celles que commet par exemple Philippe Courroye peu après avoir été promu officier de l'ordre national du Mérite par le président de la République Nicolas Sarkozy, le 24 avril 2009. Pourtant procureur de la République à Nanterre, il organise chez lui un repas de travail entre un avocat, un homme d'affaires et un policier chargé d'enquêter sur ce dernier. Cette rencontre ayant été divulguée par la presse, un soupçon de mélange des genres pèse sur le magistrat, que l'Élysée ne peut plus promouvoir sur la plus haute marche, celle de procureur de Paris...

Les juges se doivent d'être d'autant plus impartiaux qu'ils disposent d'un pouvoir énorme et que les médias ont tendance à relayer leurs affirmations les yeux fermés. Il est vrai que dans cette histoire, ils auraient eu du mal à vérifier ce qu'on leur servait sur un plateau, mais j'ai parfois eu l'impression de me retrouver à Moscou aux pires années.

Je persiste à penser que l'affaire de l'« Angolagate » n'a pas grand-chose à voir avec la justice ni avec la vérité. Je suis même profondément convaincu que nous avons été victimes d'une incroyable injustice.

En attendant l'issue judiciaire définitive – le procès en appel –, le plus grand redressement fiscal de tous les temps, du moins annoncé comme tel avec grand fracas, fond comme neige au soleil. L'administration me réclamait plus de 600 millions d'euros ? Dix ans plus tard, au mois d'août 2009, l'État m'annonce par courrier que je ne dois plus rien. On me rembourse même 2 000 euros après la condamnation de l'État – vu la partialité de l'administration française à mon égard, ces dommages et intérêts ont pour moi un sens important. Ce redressement était une « erreur ». Toute la procédure fiscale entamée contre moi était illégale, entachant du même coup de nullité l'ensemble des documents qui ont servi au juge Courroye à bâtir sa démonstration !

Nous aurions voulu l'empêcher, mais le fisc a également poursuivi de ses assiduités la Slovaquie, accusée d'abriter sur son territoire la société ZTS Osos. Nous avons envoyé Mᵉ Allain Guilloux auprès de Hubert Védrine, alors ministre (socialiste) des Affaires étrangères, pour éviter l'incident diplomatique, sachant pertinemment que le fisc faisait fausse route. Nous n'avons pas été écoutés et l'administration a réclamé une somme énorme correspondant à peu près au tiers du PIB de ce petit pays, prétention qui a eu le don d'irriter ses dirigeants et de déclencher la convocation en urgence de l'ambassadeur de France sur place. Tout cela pour déboucher, comme dans mon cas, sur une annulation pure et simple du redressement !

Chapitre 11

Israël, le retour

Le crash et la synagogue

Sentant venir le danger, je quitte donc la France par le Sud en direction de l'Italie, par la même porte que celle que j'ai empruntée avec mon épouse près de trente ans auparavant. Revenant sur mes pas, je prends un avion pour Israël, un pays où j'étais déjà revenu à plusieurs reprises au cours des dernières années. La première fois, c'était en 1998, un voyage au cours duquel il m'est arrivé une histoire remarquable. Mais avant de vous la raconter, je me dois d'évoquer la vie de Samuel Mandelsaft, l'autre fugitif de l'« Angolagate ».

Né en Pologne, Samuel Mandelsaft a vu son père, ses frères et ses sœurs partir pour Paris en 1938, fuyant une situation de plus en plus périlleuse. Lorsque la Deuxième Guerre mondiale éclate, il choisit de s'échapper par l'Est et trouve refuge en Union soviétique, où il reste jusqu'en 1945, à l'abri des nazis et de leurs affidés.

La paix revenue, Samuel Mandelsaft profite de l'autorisation accordée aux citoyens polonais de retourner en Pologne pour gagner Paris en douce. Il découvre alors que sa famille a été exterminée après avoir été capturée par la police française, sauf l'un de ses frères, qu'il ne quitte plus d'une semelle. C'est Pierre Falcone qui me présente cet homme en 1993.

Quatre ans plus tard, assez à l'aise financièrement mais seul au monde depuis la disparition de son frère, Samuel Mandelsaft me propose de l'accompagner en Israël pour assister à l'inauguration d'une synagogue à laquelle il a fait donation d'une Torah à la mémoire de ses parents. Même s'il n'est pas particulièrement religieux, « Sam » sait combien l'arrivée d'une Torah, toujours écrite à la main, est une célébration pour ceux qui l'accueillent, et c'est ainsi que nous nous retrouvons non loin de Tel-Aviv, dans une petite ville qui abrite également le quartier général de la police israélienne. Je me souviens de la pluie et du froid, mais surtout de notre stupeur lorsque nous découvrons que la synagogue n'est même pas encore sortie de terre. Il n'y a que les fondations, et c'est dans une école voisine qu'atterrit provisoirement la Torah.

Les donations sont l'un des piliers de la société juive, avec la connaissance et la morale, si bien qu'en Israël vous voyez partout des petites plaques rendant hommage à tel ou tel donateur – en hébreu, le mot « donation » signifie justice et solidarité. À l'époque, je gagne plutôt bien ma vie et je propose de financer la construction du bâtiment manquant. Je retourne régulièrement sur les lieux durant les mois suivants, pour suivre de près l'avancement des travaux, jusqu'au jour où la synagogue prend vraiment forme.

À deux mois de l'inauguration, le rabbin m'accueille en me rappelant que celui qui construit une synagogue a théoriquement le droit de la nommer, mais il a une faveur à me demander. « Peut-être pourriez-vous concéder ce droit à l'un des membres les plus actifs de notre communauté, me dit-il. Ce garçon rêve de donner à la bibliothèque de la synagogue le nom de son frère, un militaire mort dans le crash de son hélicoptère. Un geste de votre part nous honorerait évidemment tous... » Lorsque j'apprends que le télescopage de deux hélicoptères a en fait causé la mort de quatre-vingt-trois soldats israéliens, je propose de consacrer la synagogue à leur mémoire à tous. Devant l'assentiment général, je fais réaliser un vitrail sur lequel sont gravés les quatre-vingt-trois noms. Le jour venu, ce sont toutes les familles qui sont présentes, soit plusieurs centaines de personnes qui en profitent pour nouer des relations entre elles et décident de créer une sorte de comité des parents, dont je vais prendre en charge les frais courants pour les années à venir.

La cérémonie, dirigée par un homme considéré comme une grande autorité rabbinique, incroyable prêcheur doté d'une mémoire phénoménale, prend un tour assez patriotique. Je suis installé au premier rang avec toute ma famille, mais personne n'a jamais entendu parler de moi dans ce pays où je ne m'installe vraiment qu'en 2000, tandis que Samuel Mandelsaft, rattrapé au vol par le juge Courroye, se réfugie au Mexique, trop loin de la place qui l'attend dans un cimetière parisien, auprès de son frère, lui qui a désormais passé le cap des 80 ans.

« 50 ans trop tard »

Il y a eu d'autres signes avant-coureurs de mon installation dans ce pays où j'ai découvert la mer et le parfum des orangers. Un jour de 1998, à l'occasion d'un nouveau voyage à Jérusalem, le chef d'état major général de Tsahal, l'armée israélienne, Amnon Lipkin-Shahak, m'a ainsi offert une photo très émouvante. On y voyait un groupe d'officiers israéliens en uniforme sur les lieux du camp de concentration d'Auschwitz, portant cette inscription :

« 50 ANS APRÈS, 50 ANS TROP TARD ».

En arrivant en Israël la première fois, vingt-six ans auparavant, j'avais été frappé de voir les survivants de l'Holocauste prêts à partir en guerre pour venger les leurs. Le pays que je découvre en 2000 a changé. La composition de la population, notamment, n'est plus tout à fait la même que lorsque j'avais 20 ans. La communauté juive russophone, essentiellement regroupée dans les centres urbains, pèse un poids nettement plus important, pas loin de 1,5 millions de personnes, contre un million d'immigrés juifs russes à New York. Sachant que le pays compte sept millions d'habitants, c'est énorme. S'ils sont presque absents de l'administration, les Juifs d'origine russe sont particulièrement présents dans l'armée – ils sont même majoritaires dans les unités de combat, comme ils le sont au sein du corps médical. Les journaux russophones occupent une place importante dans les kiosques et plusieurs chaînes de télévision ne diffusent que des programmes en russe, une langue qui se transmet facilement de génération en génération, même loin du pays. De quoi me donner des ailes !

La synagogue offerte en hommage aux soldats était un épisode fortuit, un hasard de l'histoire, mais ce n'était qu'un début. Une fois installé sur place, je m'investis beaucoup. Je fais bâtir plusieurs synagogues. Je consolide des hôpitaux, notamment le plus ancien d'entre eux, l'hôpital Bikour Holim, que je sauve d'une faillite quasi certaine. J'apporte mon soutien partout où le besoin s'en fait sentir.

Un matin, j'entends ainsi à la radio le directeur général du Magen David Adom (l'équivalent de la Croix-Rouge ou du Croissant-Rouge). Il explique aux auditeurs que son organisation est largement équipée en ambulances grâce aux centaines de donations, chaque famille rêvant de voir son nom inscrit sur la portière d'une voiture. « Le problème n'est pas le nombre de véhicules, dit-il en substance. Mais nous rencontrons d'énormes difficultés pour régler les salaires de nos employés et acheter l'essence nécessaire à faire tourner les ambulances. »

Le jour même, je prends contact avec eux. Je leur propose de contribuer au règlement des prochains salaires et à l'achat d'essence, tout en les priant de ne pas divulguer mon identité : je ne tiens pas particulièrement à me faire de la publicité sur leur dos.

Mon nom sur la plaque

Lorsque le juge parisien Philippe Courroye annonce à grand fracas que je suis en fuite, en décembre 2000, il m'arrive une curieuse aventure. Quelques années auparavant, encore en France, j'ai apporté ma contribution financière à un petit événement organisé par une association juive à l'occasion de l'anniversaire de la ville de Jérusalem. Il s'agissait d'illuminer durant une nuit un pan du mur qui entoure la vieille ville. Désormais domicilié sur place, non loin de la porte de Jaffa, je me rends presque tous les matins au mur des Lamentations, pour y prier. C'est ainsi que je découvre en chemin un petit obélisque sur lequel ont été gravés les noms des quelques donateurs français, dont le mien. « Les noms gravés ci-dessus resteront à jamais gravés dans la mémoire du peuple juif », peut-on lire. Je prends rapidement contact avec le responsable de la collecte pour lui dire que je trouve cette idée de pierre assez ridicule et que je souhaite voir mon nom effacé, même si j'ai été le « contributeur le plus généreux » selon lui. L'histoire du peuple juif compte des événements nettement plus importants ! Il me promet d'intervenir, mais chaque fois que je passe devant, au cours des mois suivants, je constate que rien n'a été fait. Je comprends qu'il veuille s'éviter des frais, mais cette situation finit par m'agacer.

Une ou deux semaines après que mon nom a fait la une des journaux, sur fond d'« Angolagate », je repasse devant l'obélisque et là, surprise, mon nom a été effacé. Dois-je y voir un lien avec le scandale qui me touche ? C'est peut-être une simple coïncidence, me dis-je, mais un an plus tard, à l'occasion d'une discussion un peu houleuse avec un ami parisien, ma fille se voit jeter à la figure cet argument ignoble : « Tu sais, le nom de mes parents figure sur une pierre à Jérusalem. Il ne sera jamais effacé comme le nom de ton père ! »

« La plus grande affaire de blanchiment… »

L'affaire de la banque Hapoalim est créée tout spécialement pour moi. Elle se noue du côté de la rue Marbeuf, adresse parisienne de cet établissement considéré comme l'une des deux plus grandes banques israéliennes, vers laquelle j'ai transféré en 2002 le compte que j'avais jusque-là chez sa rivale, la banque Leumi. La présidente de Leumi, qui dispose d'une licence lui permettant d'exercer sur le territoire français, m'avait en effet gentiment fait comprendre que les autorités locales exerçaient une pression très forte sur elle : soit elle me rayait de sa clientèle, soit elle risquait de perdre sa licence ! J'ai préféré la tirer d'embarras et opter pour Hapoalim, sa rivale.

La législation française sur le blanchiment n'a pas cours en Israël, où les capitaux juifs venus de l'étranger sont toujours les bienvenus. C'est ainsi depuis la Deuxième Guerre mondiale et l'arrivée très folklorique des Juifs d'Afrique du Sud ou d'Argentine avec des valises pleines de billets. La brigade financière parisienne n'en organise pas moins une perquisition dans les locaux de la banque Hapoalim, sous le contrôle du juge Philippe Courroye.

Cette perquisition, évidemment suivie de très près par les autorités israéliennes, coïncide avec la montée en puissance d'un général tout juste nommé à la tête d'un service spécial mis sur pied pour traquer la criminalité russe dans le pays. Une aubaine pour ce francophone (c'est un Juif marocain) qui vise la tête de la police israélienne et compte bien se servir de quelques affaires politico-financières retentissantes pour se faire connaître.

Le dossier prend véritablement forme après une rencontre à Paris entre cet ambitieux policier israélien et le juge Courroye, qui a décidé de faire de son mieux pour me rendre la vie impossible à Jérusalem. Plusieurs centaines de clients de la banque Hapoalim sont soupçonnés de blanchiment, mais il n'y aura jamais aucune suite judiciaire les concernant : c'est moi qui passionne les enquêteurs. L'argent que j'ai placé dans cet établissement ne peut être concerné par des textes de loi votés en 2002, puisqu'il y est depuis les années 90. Mais je me méfie et décide d'enclencher un nouveau transfert, cette fois en direction d'une banque russe.

Qu'ai-je fait là ! Plusieurs employés de la banque sont ouvertement soupçonnés de m'avoir alerté et les articles fleurissent dans la presse israélienne comme pâquerettes au printemps. Le blanchiment d'argent est devenu l'arme fatale pour abattre un homme. Vous haussez le ton ? On dégaine des poursuites pour blanchiment et vous passez bientôt pour pire qu'un terroriste international !

Tous les mouvements financiers repérables sur mes comptes sont décortiqués, mais je n'ai pas grand-chose à me reprocher. La seule erreur que j'ai commise, c'est d'avoir épaulé un entrepreneur israélien qui voulait racheter une entreprise chimique en Hollande. C'est une affaire assez limpide pour qui veut se donner la peine de la comprendre, mais les médias, nourris par la police, s'emparent de l'épisode pour me torpiller. « La plus grande histoire de blanchiment de toute l'histoire du blanchiment ! » croit pouvoir titrer un journal. Dans le meilleur des cas, affirme-t-on du côté de la justice, l'entrepreneur et moi-même aurions embrouillé le vendeur hollandais sur la qualité réelle de l'acheteur.

Le battage repart de plus belle en 2004, lorsque se répand dans la presse une rumeur selon laquelle mes comptes bancaires auraient été bloqués au Luxembourg à la demande de la justice israélienne. Il s'agit de millions de dollars, répètent en boucle les journaux pendant plusieurs semaines. Une incroyable campagne médiatique qui pousse mes avocats à se tourner vers les autorités judiciaires luxembourgeoises. « Nous avons effectivement bloqué les comptes de M. Arcadi Gaydamak », répond un magistrat du pays, comme si mon seul nom était devenu un délit.

« De quoi est-il exactement accusé ? s'enquiert un de mes avocats. Quel délit a-t-il commis ?

– Nous avons simplement répondu à une demande d'assistance de la justice israélienne, lui explique-t-on.

– Mais pour déclencher une telle procédure, encore faut-il que soient réunies les preuves d'un délit ! » proteste l'avocat.

Le parquet luxembourgeois, embarrassé, se tourne alors vers les Israéliens qui sortent opportunément du placard une information complètement erronée : en 2000, j'aurais transféré d'un compte en

Israël vers l'étranger une somme très importante sans en référer à la banque centrale, comme l'aurait exigé la règle. Le problème, outre que cette règle a été inventée pour moi, c'est que je ne disposais pas de compte dans ce pays à cette date...

En attendant, je suis interrogé par la police le 28 novembre 2005... Le signe que la justice française a le bras long et la volonté de m'empêcher de vivre en paix en Israël.

Des tentes sur la plage

Je suis sur la terrasse de ma maison, face à la mer, après mon entraînement sportif matinal, lorsque la radio annonce le déclenchement de la deuxième guerre du Liban, à la mi-juillet 2006. Deux soldats ont été tués par le Hezbollah à la frontière israélo-libanaise, et l'état-major a décidé de répliquer dans les grandes largeurs, explique le speaker... Pourquoi se lancer dans un conflit de cette ampleur ? Je suis convaincu qu'il n'aurait jamais eu lieu si le chef de l'État alors en fonction, Ehud Olmert, avait eu un passé militaire aussi glorieux que d'autres dirigeants nationaux. Mais, déjà, les premières bombes tombent sur les populations sans défense des villages du nord d'Israël...

Que fait un gestionnaire de crise à qui on annonce un beau matin que des civils sont pris pour cible ? Il cherche à réunir le budget qui lui permettra de couvrir une éventuelle intervention. Un budget, c'est d'abord beaucoup de paperasse. Il faut fixer les besoins, évaluer les dépenses correspondantes. Le problème, c'est que la situation qui se présente est hors champ par rapport à toutes les prévisions qui ont été faites par l'administration et l'armée...

Un particulier n'a pas ce genre de préoccupations. Mon premier réflexe, alors que je bois tranquillement mon café, ce serait plutôt d'héberger chez moi une famille en danger. J'ai la nette impression que dans le pays, personne ne songe à ces gens qui seront très vite obligés de fuir dans l'affolement et le désordre pour s'éloigner de la frontière. Je serais un salopard si je restais les bras croisés, alors que j'ai les moyens d'apporter ma contribution... Héberger à la maison une seule famille ? C'est le minimum que je puisse offrir alors que dans cette grande demeure j'aurais de la place pour dix familles. Mais dix familles, avec le bruit qu'elles vont faire, j'aurais du mal à travailler, sans compter qu'elles vont fumer, crier... Non, le mieux serait de louer un hôtel pour les loger. Je pourrais y mettre une dizaine de familles ! Mais ils sont tellement nombreux... C'est alors que revient à ma mémoire le mariage de mon fils à Césarée, à l'occasion duquel nous avions loué d'immenses tentes très bien équipées. Si je proposais de mettre des centaines de tentes à la disposition du gouvernement ?

Je teste mon idée en passant quelques coups de téléphone, mais je comprends vite qu'on ne m'accordera jamais les autorisations nécessaires, du moins pas avant quelques semaines. Pas avant que la commission X et la commission Y se soient prononcées sur la légitimité de ma demande… Autrement dit, après la bataille. Si je fais quelque chose, ce sera donc sans ces fonctionnaires qui me prennent pour un fou. Je localise sur une carte le lieu où les réfugiés seraient à l'abri des tirs. À distance respectable de la bande de Gaza et de la frontière nord, ce pourrait être dans les environs d'Ashdod, au sud de Tel-Aviv. Je connais justement dans ce coin un bédouin, par ailleurs officier dans l'armée israélienne, comme nombre de bédouins, qui accepterait certainement de me louer une plage privée dont il a la gestion. Il le ferait par amitié, en m'épargnant toutes les tracasseries administratives. Pour ne rien gâcher, l'endroit est magnifique, je dirai même paradisiaque.

Je n'attends pas un jour de plus pour me mettre à la tâche. C'est maintenant que tombent les bombes qu'il faut mettre à l'abri cette population socialement faible et qui n'a pas les moyens de déménager. Des dizaines d'ouvriers sont acheminés vers la plage et voilà que sort du sable un campement digne des standards du Club Méditerranée. Une synagogue est livrée par container. Une chaîne de télévision installe un gigantesque podium sur lequel seront bientôt programmés des concerts gratuits. Nous commençons à élaborer la première liste de ceux qui voudraient se replier ici le temps de la guerre. Et c'est une véritable marée humaine qui afflue.

Le campement improvisé sur la plage de Nitzanim compte bientôt plus de vingt-sept mille personnes. Toutes les télévisions débarquent, venues du monde entier. Les politiciens à l'affût défilent, surtout ceux qui rêvent un jour de devenir ministres, et, pour ma part, je vois ma cote de popularité monter en flèche dans le pays. Un journaliste m'interroge en direct sur une chaîne de télévision nationale : « Combien de personnes êtes-vous en mesure d'accueillir ici et jusqu'à quand ? » Emporté par l'événement, je me fais magnanime : « Nous accueillerons tous ceux qui ont besoin d'un toit jusqu'à la fin de la guerre ! »

L'affaire prend une telle ampleur que je décide bientôt de faire profil bas. Les mauvaises surprises sont évidemment au rendez-vous, dissimulées en l'occurrence derrières les bonnes. En visite sur place, le chef de la police déclare publiquement, devant micros et caméras, que ses services ne factureront pas leurs interventions dans le cadre du camp. Cadeau de la maison ! Sauf que son comptable débarque deux jours plus tard sur la plage et me présente une addition salée.

« Le chef a peut-être dit ça à la télé, mais c'est moi le comptable, et il ne m'a donné aucune consigne », assène-t-il. Je paye, comme je règle toutes les factures, conscient du fait que certains fournisseurs profitent de cette situation de crise pour doubler leurs tarifs.

Un mois plus tard, quatre jours avant la fermeture du camp, ce sont des officiers du ministère de la Défense qui frappent à nos portes, en uniforme. Ils prennent des photos, des notes et des mesures. Que cherchent-ils précisément ? « Nous sommes chargés d'effectuer un relevé précis des mensurations de ce campement, pour le cas où nous serions dans l'obligation d'en monter un à notre tour », expliquent-ils. Ils reviennent le lendemain. Je prends alors contact par téléphone avec leur chef, ayant bien compris pourquoi ce camp monté en dehors de toute structure étatique représentait pour l'armée une forme d'affront. À l'entendre, les militaires ont décidé de nous copier. Ils ont même déjà commencé l'installation d'une base destinée à recevoir environ huit cents personnes, sauf qu'ils l'implantent en plein désert, dans un coin extrêmement chaud, tellement isolé que les réfugiés auront un mal fou à en repartir le jour où les hostilités seront terminées…

Je propose évidemment mes services à ce haut gradé. Je mets en avant mon sens du devoir. Je lui explique que j'ai beaucoup appris durant la période de chaos que nous avons traversée à la fin de l'Union soviétique. Je suis prêt à épauler l'armée si elle vise grand, en clair si elle veut construire une réplique de notre campement, mais mon interlocuteur décline l'offre.

C'est le moment que choisit le Premier ministre Ehud Olmert pour s'en prendre à moi, et ce en pleine séance du Conseil des ministres : « Arcadi Gaydamak promeut le sentiment de défaitisme dans notre population, dit-il en substance. La propagande ennemie utilise les images de ce camp contre nous ! Les problèmes des civils israéliens en détresse ne doivent pas être gérés par un oligarque russe, mais par l'État ! » Cette mise au point médiatisée me cause évidemment du tort. Elle n'est certainement pas pour rien dans les ennuis qui m'attendent. Le campement a vécu durant trente-quatre jours, beaucoup trop longtemps aux yeux des dirigeants politiques du pays.

Quelques jours plus tard, je me retrouve sur un plateau de télévision. « Vous avez fait quelque chose de bon et en même temps quelque chose de mauvais au regard de la tradition juive, car vous avez fait la publicité de votre geste en faveur de ces populations », observe la présentatrice. Elle ne critique pas la réalité de l'action menée, mais l'apparence qui lui a été donnée. Elle laisse entendre que j'aurais agi pour acheter des voix ou pour gagner une forme d'honorabilité qui me faisait alors défaut… « Très bien, lui dis-je. Dans ce cas, je demande pardon au peuple juif… mais je vous fais tout de même remarquer qu'il s'agissait d'un camp de réfugiés. Si vous n'informez pas la population de l'existence d'un tel camp, si seulement Dieu et vous-même savez qu'il a été installé, alors combien de réfugiés accueillerez-vous ? Combien de bus devrai-je affréter pour les conduire sur place si personne n'a été mis au courant ? Un seul ? Dix ? Aucun ? »

Je vois clairement que je suis mis en danger avec cette affaire, comme j'ai pris des risques lorsque je suis allé chercher les otages français en Bosnie, mais, d'un point de vue moral, disposant des moyens financiers nécessaires, je ne pouvais pas rester sans rien faire. C'est ma nature. Voudrait-on me blâmer pour ce petit désir de reconnaissance ? Me condamner pour ce brin de vanité qui a décuplé ma volonté au moment décisif ?

Incognito

Peu après cette guerre, alors que je suis désormais connu dans le pays, présent tous les jours sur les plateaux de télévision ou dans les journaux, voilà que le grand rabbin faradique m'invite au mariage de sa petite-fille.

Une place a été réservée pour moi à la table d'honneur, du côté des hommes, séparés des femmes selon la coutume. Suivi par plusieurs caméras de télévision je prends place à la gauche du grand rabbin, auprès d'une vingtaine de rabbins célèbres venus du monde entier. Mon voisin de gauche n'est autre que l'homme qui inaugura la synagogue offerte à la mémoire des victimes du crash d'hélicoptère. Se tournant vers moi, il me demande : « Vous souvenez vous de la première fois que je vous ai vu ? C'était lors de l'ouverture d'une magnifique synagogue construite par un Juif français qui a souhaité demeurer incognito. » Une façon discrète et aimable de clore la polémique qui a éclaté au sujet de la publicité orchestrée autour du fameux camp de réfugiés.

Les critiques ne m'empêchent d'ailleurs pas de réitérer une opération un peu similaire, mais de moindre ampleur, du côté de Sderot, petite ville située à portée de tir de roquettes de la bande de Gaza. Continuellement bombardée, la population vit sous la menace et dans la peur, guettant sans cesse la prochaine alerte. Je propose d'offrir aux enfants de la ville une semaine de répit. Afin qu'ils puissent dormir quelques nuits sur leurs deux oreilles, je les expédie à Eilat, au bord de la mer Rouge, station balnéaire très prisée des Israéliens. Bien sûr, cela ne règle en rien la question de la guerre, mais la population locale apprécie. Ce geste n'est en revanche pas du goût du ministre de la Défense, Amir Peretz, qui m'attaque en reprenant les arguments du Premier ministre Ehud Olmert sur le « sentiment de défaitisme », après que le Hamas s'est réjoui publiquement de constater que l'on craignait ses engins artisanaux, et que l'« ennemi sioniste » reculait.

À mon avis le gouvernement israélien se trompe d'époque. L'esprit qui prévalait il y a un siècle chez ceux qui avaient quitté Paris, Bucarest, Moscou ou Saint-Pétersbourg pour aller dormir dans le désert au milieu des tribus arabes, un fusil près du lit, mus par une puissante idéologie sioniste, n'a plus cours. Les Israéliens aspirent aujourd'hui à une forme de normalité qui n'a plus rien à voir avec ce tempérament de conquérant. Quant à moi, je revendique pleinement le droit de pouvoir protéger des civils quand l'État n'assume pas son rôle !

Football

Le conflit qui met aux prises les musulmans et les juifs en Israël crée des tensions dans le monde entier. La moindre étincelle du côté de Jérusalem a une incidence directe sur les taux de change comme sur le cours du baril de pétrole. La sécurité aérienne vit au rythme des menaces qui viennent de cette zone. Le terrorisme est le fruit de l'antagonisme qui met aux prises les deux peuples. L'intégrisme s'en nourrit. C'est pourquoi les positions prises par les politiciens israéliens ont une importance planétaire qu'eux-mêmes n'imaginent pas toujours.

Si nous parvenons à faire la paix à Jérusalem, le monde sera plus stable. Fort de ce simple constat, je décide de me présenter aux élections municipales en m'appuyant sur le parti politique que j'ai créé le 9 juillet 2007 : Justice sociale. À son niveau, le maire de Jérusalem peut en effet influer sur le cours des événements. Le programme que je présente se propose de commencer par de « petites » choses. Je trouve par exemple totalement anormal que les quartiers arabes de la ville ne soient pas entretenus. Je considère comme une aberration qu'aucun permis de construire ne soit accordé aux populations arabes. Au lieu de chercher à régulariser la situation de ces milliers de familles qui ont construit sans autorisation, on ordonne la démolition de leurs maisons. Sans oublier les insupportables excès de zèle de la police, que je dénonce haut et fort. Mais veut-on seulement de cette paix ? Pour une partie de la classe politique israélienne, le conflit est une raison d'être. Ils font carrière sur son dos. Aussi ai-je vite fait, alors que la campagne démarre à peine, de m'attirer les foudres du gouvernement. La première d'une longue série d'attaques, parce qu'au fond je dérange les habitudes de ce pays.

Je chante et je danse dans un clip destiné à promouvoir un nouveau téléphone, et ces images passent en boucle sur les chaînes de télévision pendant un an, les bénéfices étant destinés à alimenter des œuvres caritatives. Je deviens l'un des personnages récurrents des « Guignols » de la télévision israélienne. Un groupe de rap israélien réalise même une chanson autour de mon nom. Mais cela va bien plus loin que ce spectacle.

Je dis sans complexe ce qui ne se dit pas. Je mets des mots sur nos divisions. Je suis l'un des rares Ashkénazes à me battre tous les jours contre cette frontière invisible qui nous sépare des Séfarades. Et pas seulement avec des mots, puisque je suis propriétaire depuis l'été 2005 de l'équipe de football la plus populaire auprès des Séfarades, le Betar Jérusalem. On me voit régulièrement au milieu des supporters les jours de match, dans les tribunes du Teddy Kollek Memorial Stadium, surnommé « l'enfer » par les habitués. Tout un symbole, dans la mesure où le « Betar », littéralement, c'est « la maison où souffle l'esprit héroïque du peuple juif », mais également un mouvement de jeunesse sioniste fondé en Russie, bien avant la création de l'État d'Israël. Aucun joueur arabe ne faisait partie de l'effectif du Betar avant que je prenne en main les destinées du club. Cela me choquait d'autant plus que plusieurs joueurs juifs avaient intégré le club arabe de Sakhnin, que je décide, pour faire bonne mesure, de sponsoriser – le patron du club, devenu entre-temps maire de sa ville, dans le nord d'Israël, m'expédie aujourd'hui à Moscou de bien sympathiques colis composés de bouteilles d'huile d'olive et de gâteaux tunisiens...

Suis-je un extrémiste parce que je suis applaudi par des supporters en grande majorité nationalistes ? Que l'on écoute, avant de me classer ainsi, de quelle vigoureuse façon j'ai plusieurs fois condamné les injures proférées dans les stades contre les Arabes !

« Mais qu'est-ce qu'il est venu faire ici ? »

Les élections municipales approchant, les commentateurs se déchaînent contre moi. Le parquet m'accuse même à demi-mot de « corrompre » l'électeur. En fait, j'ai le tort de souligner (involontairement) les carences du gouvernement dans sa lutte contre la misère. Je commence à inquiéter certains politiciens. Avec un slogan simple (« Il ne parle pas, il agit ») placardé sur les murs de la ville sur un fond jaune, la couleur de mon club de football, je mords sur l'électorat populaire. Les sondages me créditent même d'un score assez élevé. Plus de 73 % de la population me soutiendrait, selon un gros titre à la une du quotidien progressiste *Haaretz*. Sauf qu'une grande partie des électeurs que je vise sont arabes. Ils habitent Jérusalem-Est et, pour peu que le grand mufti appelle le jour venu au boycott des élections, tous mes efforts seront anéantis...

Mes ennuis avec la justice israélienne, aiguillonnée par la justice française, rebondissent. Ma dégringolade sera aussi rapide que mon ascension, d'autant que plusieurs hommes d'affaires israéliens en profitent pour engager des poursuites contre moi, au sujet de dettes imaginaires, dans l'espoir de toucher quelques subsides. On parle à nouveau de « blanchiment » dans les journaux. Considéré comme un franc-tireur, affilié à aucun des grands partis politiques, je deviens l'homme à abattre.

Le correspondant local du quotidien français *Le Monde* ne rapporte-t-il pas dans l'un de ses articles que certains m'appellent l'« ange d'Israël » ? Plus la presse parle de moi, plus je suis porté aux nues par les uns, et plus je suis blâmé par les autres, en particulier par les politiciens dont je menace la position et les intérêts personnels. Israël est un petit pays, presque un village, où les médias ont une très grande importance. Mais qu'est-ce que je fais de mal pour mériter un tel lynchage ? J'ai peut-être eu tort de financer des universités, des écoles, ou encore l'évacuation de ces populations trop proches de la frontière pendant la guerre. J'ai peut-être eu tort, également, de promouvoir le dialogue entre musulmans et juifs. Mais tout cela, je l'ai fait parce que j'y croyais.

Je ne pense pas non plus représenter une menace pour les positions des apparatchiks israéliens. Mon hébreu est très primaire je ne parle pas l'arabe, et ne dispose d'aucune machine de guerre digne d'un parti politique. Je reconnais néanmoins avoir commis une erreur grave, celle de démystifier ce pays et de vouloir éteindre les braises d'un conflit inutile et coûteux que certains alimentent savamment. Sans oublier cet irréparable vice de fabrication : je suis russe. Et le Juif russe est nettement moins bien considéré en Israël que le Juif américain. Il est même suspect, surtout s'il a connu le temps de l'Union soviétique. Si bien qu'il ne pourra pas prétendre jouer le moindre rôle national avant plusieurs générations.

Tout ce que je fais se retourne désormais contre moi, comme ce jour où je finance la construction d'un mémorial sur les lieux du crash de l'hélicoptère des quatre-vingt-trois, à la frontière libanaise. Ehud Barak, alors chef du Parti travailliste, m'évite, l'air de dire : « Mais qu'est-ce qu'il est venu faire ici, celui-là ? »

Plus je m'exprime publiquement et plus l'on m'accable. Je suis le Juif sorti de nulle part, disposant de fonds importants que j'utilise sans limites pour gagner en popularité. Suis-je seulement un bon sioniste ? Quelles sont mes véritables motivations ? C'est tout juste si certains ne me font pas passer pour l'agent d'une puissance étrangère ! Tout cela parce que j'ai eu le malheur d'affirmer publiquement, avec la liberté de ton qui est la mienne, que des pays comme l'Égypte, la Jordanie ou l'Arabie Saoudite, qui redoutent autant que nous les professionnels de l'extrémisme, devaient être considérés comme les vrais protecteurs d'Israël.

À quelques jours des élections municipales, un débat est organisé à Jérusalem entre les trois candidats, durant lequel chacun expose son programme. « Moi, proclame fièrement le premier, je suis dans le pays depuis sept générations ! » « Je suis né à Jérusalem », riposte le deuxième, comme si tout allait se jouer sur l'origine et la naissance, autrement dit sur ce que nous a donné la nature, et non sur nos véritables intentions politiques.

N'ayant d'autre choix que de jouer cartes sur table, je riposte sur le même terrain : « Je ne suis pas né à Jérusalem, mais l'un d'entre vous au moins est né dans un hôpital qui m'appartient ! » J'ai récupéré sur ma liste une bonne partie des conseillers de l'équipe municipale sortante, dont le véritable maire exécutif – le maire élu était trop religieux pour participer au protocole. Un gage de sérieux pour qui douterait de mes capacités à gérer cette ville. Pourtant, je dois déchanter au soir du scrutin. Alors que le candidat ultraortho-doxe remporte 43 % des suffrages, j'arrive en troisième position avec un peu moins de 4 %. Je ne crie pas au trucage, mais je suis obligé de constater que les conditions de vote dans les quar-tiers arabes sont à ce point déplorables que per-sonne n'est allé voter… Populaire, je le suis d'une certaine façon, mais cette ville n'est pas prête à élire un maire qui se prononce pour l'égalité sociale entre Juifs et Arabes… qui plus est un « métèque » !

Je dépose pour la forme une requête officielle, mais la Cour suprême entérine le fait que l'administration n'a pas jugé utile d'installer des points de vote dans les quartiers arabes, sous le prétexte que la sécurité n'y était pas garantie. Il ne me reste qu'à oublier cette mauvaise expérience électorale et à digérer le dépit que m'inspire la classe politique israélienne.

Médaille militaire

Traqué jusqu'à Jérusalem par la faute de la justice française, je quitte Israël le 19 décembre 2008, un peu plus d'un mois après mon échec aux élections municipales. Je rentre dans mon pays natal. Je ne suis d'ailleurs pas le seul à faire le chemin inverse de celui que j'ai parcouru à l'âge de vingt ans. Des milliers de russophones, surtout des jeunes, ont quitté ces dernières années Israël pour rejoindre Moscou, ville dynamique, riche et en pleine expansion, où les conditions de vie sont aujourd'hui meilleures, le soleil en moins.

S'il y avait une consolation possible, ce serait celle-ci : je suis l'un des rares civils israéliens à avoir reçu une décoration militaire, dont le pays est très avare, la réservant à ses soldats héroïques.

CHAPITRE 12

Moscou, vingt ans après le changement

Le boulet

Quand je suis arrivé à Paris par un train en provenance de Marseille, en 1972, le simple fait de ne pas dormir dehors suffisait à me réjouir. Aujourd'hui, aucun hôtel ne me paraît aussi confortable que ma maison, située en plein cœur de Moscou, dont j'ai supervisé l'aménagement et la décoration. Je n'ai plus vingt ans. J'ai même passé l'âge où l'on doit mettre une cravate, sauf quand le protocole l'exige, mais j'ai un sacré fil à la patte : un mandat d'arrêt international lourd comme un boulet.

Pierre Falcone a été accrédité par la France comme agent diplomatique angolais auprès de l'Unesco. En tant que tel, il devrait bénéficier de l'immunité diplomatique, mais celle-ci n'a malheureusement aucune valeur protectrice, dans la mesure où il possède la nationalité du pays qui l'a accrédité. Ce n'est pas mon cas. Déchu de la nationalité soviétique lorsque j'ai quitté Moscou en

1972, je bénéficie pleinement en Russie de mon statut d'agent diplomatique angolais, accordé en 2003. Un avantage certain, dans la mesure où je ne peux être arrêté par les autorités russes, ni même faire l'objet d'une perquisition, à l'heure où Pierre Falcone, poursuivi par la justice française dans le cadre de dossiers dont j'ignore tout, dort en prison.

Cette protection s'arrête cependant aux frontières du pays, ce qui se traduit pour moi par une forme d'assignation à résidence, à moins de me déplacer à la manière des espions.

Frénésie russe

La Russie d'aujourd'hui rappelle à maints égards la période de l'Empire, à laquelle j'ai consacré un livre d'art et dont je raffole en tant que collectionneur. Je suis cependant assez difficile et j'ai en revanche peu de goût pour la période Napoléon III, sorte de réplique de l'Empire, l'élégance en moins. Certains font la confusion entre les deux styles, mais c'est le jour et la nuit ! Rien ne vaut l'art appliqué sous l'opulent Empire, entre la fin du XVIIIe et le début du XIXe siècle ! Si un jour la France se décide à m'accorder la Légion d'honneur, je choisirai bien sûr une médaille datant de 1802 ! Notez au passage que, à la différence de ces ministres français qui font installer des meubles Empire dans leur bureau, les miens n'ont rien coûté au contribuable !

L'Empire a d'abord été un art de vivre, mais aussi une période de conquêtes. Napoléon et ses hommes avaient un appétit sans limites : il fallait réussir absolument, et réussir vite. La Russie contemporaine est habitée par cette même volonté de tout conquérir le plus rapidement possible. Les gens atteignent des objectifs incroyables en un temps très court, avec cette volonté qui poussa les Français à partir à l'assaut des montagnes au lendemain de la prise de la Bastille, pendant la Révolution.

Dans la vieille Europe, les générations passant, l'esprit de conquête s'est émoussé. Les Russes, eux, nagent aujourd'hui en pleine frénésie consommatrice. Ce sont les plus grands acheteurs de voitures de luxe – Rolls Royce et Mercedes – d'avions, de bateaux, de diamants. Une dynamique sans précédent dans l'histoire de l'humanité ! L'Union soviétique était forte, mais guère compétitive. Elle avait un budget complètement déséquilibré. Elle dépensait beaucoup pour la promotion de son idéologie et finançait des tas de mouvements, toujours à perte.

Vingt ans plus tard, au terme d'une séance de rattrapage express, les Russes payent leurs camemberts au lait cru quatre fois plus cher qu'en France, leurs hôpitaux sont mieux équipés que ceux de Tel-Aviv et le village le plus luxueux au monde se trouve ici, dans la banlieue de Moscou. Nos supermarchés ressemblent à ceux que l'on trouve en France et la pénurie appartient à l'histoire. Les salaires ont suivi et les appartements que l'on inaugure respectent toutes les normes occidentales...

Il est difficile d'imaginer, pour quelqu'un qui arriverait aujourd'hui en Russie, combien tout était pourtant réuni pour le grand plongeon, à la fin des années 1980 : un pouvoir politique faible et déconnecté de la réalité, des ouvriers affamés dans les usines, des ménagères qui réclamaient du lait, le combustible qui manquait pour le chauffage... Sans oublier cette étroite surveillance policière dont le meilleur témoignage reste cette histoire que les Juifs se racontaient à l'époque. L'histoire d'un Juif qui écrit à son frère, parti pour Israël : « Ici, c'est la pénurie. Sur le marché, le poulet est à vingt-cinq roubles ! » Le KGB, qui a intercepté le courrier, convoque son auteur. « Pourquoi blâmez-vous notre système ? » lui demande-t-on. L'homme bredouille et rentre chez lui. Quelques jours plus tard, il envoie à son frère une nouvelle lettre. « Nous vivons dans un monde merveilleux, écrit-il, tout est parfait. Sur le marché, on peut acheter un éléphant pour 10 roubles ! Mais pourquoi irais-je acheter un éléphant, alors qu'en ajoutant 15 roubles je peux avoir un poulet ? »

La richesse de notre pays n'est pas seulement monétaire, l'État russe étant désormais l'un des meilleurs payeurs qui soient. Le pays dispose de ressources énormes, en particulier dans ses sous-sols, gorgés de matières premières, du gaz au pétrole en passant par les métaux. Des fortunes énormes se sont faites, mais on peut considérer que la majorité bénéficie elle aussi de ce boom. Les services sociaux commencent à tourner correctement. Le montant des retraites vient même d'être fortement augmenté – alors qu'il n'y avait autrefois aucun système de cotisation –, permettant enfin aux plus démunis de mener une existence digne.

En matière de logement, des efforts considérables ont été faits grâce à une politique assez unique : quand un entrepreneur veut construire un immeuble à Moscou, la mairie lui impose de bâtir pratiquement autant de mètres carrés pour les plus pauvres, logements qui seront intégralement gérés par la municipalité. Comme le prix du mètre carré atteint dans cette ville 30 000 à 50 000 euros, soit les tarifs les plus élevés au monde, les promoteurs s'en sortent. Certains parlent à notre sujet de « capitalisme sauvage », mais ce n'est pas tout à fait juste. Ce genre de règle, que ne renierait pas un communiste, permet en effet de fournir un toit aux nécessiteux et de limiter les tensions sociales. J'invite le lecteur qui voudrait en savoir davantage à lire les ouvrages d'Hélène Carrère d'Encauste, dont les analyses sur la Russie sont d'une parfaite justesse.

Un (petit) désaccord avec Napoléon

On peut considérer aujourd'hui que les Occidentaux ont raté le coche. Ils n'ont, en fait, jamais vraiment compris ce pays. Il y a vingt ans, j'ai essayé de leur expliquer qu'ils se trompaient lorsqu'ils s'arrêtaient au fait qu'un salaire officiel ne permettait guère au Russe d'acheter plus d'un demi-kilo de saucisson. Ce salaire officiel ne voulait évidemment rien dire. Le chauffeur de taxi gagnait officiellement 100 roubles, qu'il ait des passagers ou non, mais il arrivait qu'un client lui verse dix fois le prix affiché au compteur. Il y avait deux réalités sur ce territoire, le côté face et le côté pile, mais les Occidentaux n'ont rien voulu entendre. Ils avaient la technologie et les finances, tout ce qu'il fallait pour se lancer, mais ils ont pris peur. Les rares qui ont senti qu'il y aurait beaucoup à gagner ont reculé par crainte de mettre leur position personnelle en danger. Hormis quelques aventuriers, ils ont préféré attendre et regarder comment le climat allait évoluer, sans chercher à pousser leur avantage.

Le programme de privatisations est aujourd'hui achevé et nous nous sommes largement adaptés au tempo de l'économie occidentale. Les policiers que l'on voit dans les rues de Moscou ou de Saint-Pétersbourg ont des tenues correctes et de belles voitures, ce qui permet de limiter la corruption. L'administration russe est probablement plus stable et plus performante que bien d'autres. Elle a toutes les cartes en mains, ce qui est une bonne chose, à condition bien sûr qu'elle reste lucide. D'inspiration très libérale sur le plan idéologique, comme en un contrecoup des années communistes, elle est moins endoctrinée que peut l'être le pouvoir dans un pays comme la France, où les politiques doivent sans cesse proclamer des valeurs auxquelles ils ne croient pas pour plaire aux électeurs.

La liberté économique est totale dans le pays, et personne ne peut plus dicter quoi que ce soit aux politiques, à la différence de ce qui pouvait se passer sous Boris Eltsine. Lorsqu'il s'agit par exemple de promouvoir les intérêts du pays, le pouvoir politique ne lâche rien. Et il n'est pas besoin de multiplier les sondages pour voir qu'il bénéficie sur ce terrain du soutien de près de 80 % de la population, laquelle était à 80 % contre le régime à l'époque communiste. Les gens respectent avec la même constance un homme comme Vladimir Poutine – l'homme fort du pays – qu'ils rejetaient alors le système communiste. Ils sont bien placés pour voir que leur qualité de vie s'est améliorée, que la liberté d'entreprise est réelle. Vladimir Poutine convainc l'opinion parce que c'est un patriote et que la Russie, grâce à lui, est aujourd'hui un pays indépendant et respecté au niveau mondial. Il ne cherche pas à satisfaire à n'importe quel prix les Occidentaux… à qui il ne viendrait pas à l'idée de lui marcher sur les pieds.

Les Russes, dans le même temps, sont peu à peu sortis de leur amour aveugle pour l'Occident. Ils respectent davantage leur propre culture. Ils trouvent fort agréable de pouvoir passer leurs vacances à l'étranger s'ils le souhaitent, mais c'est dans leur pays qu'ils veulent vivre. Il y a vingt ans encore, on se riait d'eux à l'étranger. Les plus démunis avaient la réputation de compter chaque sou et de dormir dans l'hôtel deux étoiles avec vue sur la voie ferrée. Des plus aisés, on moquait les manières en jurant qu'ils étaient capables de boire un verre de château Petrus mélangé avec du Coca-Cola. On racontait aussi qu'ils se promenaient avec des valises pleines de billets, mais c'est tout simplement qu'ils n'avaient pas encore accès à la carte de crédit ! Aujourd'hui, retournement complet de situation, le Russe boit des vins de qualité parce qu'il a tout simplement les moyens de se les offrir – à ce propos, je voudrais exprimer un petit désaccord avec Napoléon : je désapprouve cette législation qui a imposé pour le vin la bouteille de 0,75 litre. Si vous voulez juste boire un verre sans gâcher le vin, un demi-litre suffit. Si vous avez vraiment envie de boire, ce n'est pas suffisant. À l'époque, j'aurais plaidé avec conviction pour la bouteille d'un litre.

« *Mafia russe* »

Je me souviens d'un article publié à la fin des années 80 dans l'hebdomadaire *Paris-Match*, évoquant le train de vie anormalement élevé de ces « petits Russes » vivant dans l'Hexagone. Mon nom était cité dans ces pages où personne ne jugeait utile de rappeler que je travaillais sans discontinuer depuis l'âge de 20 ans...

Les journalistes occidentaux sont aussi responsables que les services de renseignement de la mauvaise image des Russes. Pendant des décennies, ils se sont comme tout le monde focalisés sur la confrontation majeure entre deux systèmes, le communiste et le capitaliste. Celle-ci se répercutait à tous les niveaux, sur toute la planète, l'Union soviétique subventionnant généreusement les mouvements de contestation à l'Ouest, tandis que les Occidentaux faisaient de même à l'Est. Du jour au lendemain, la menace soviétique a disparu et des milliers de personnes ont été privées de leur raison d'être, notamment parmi les journalistes et les agents du renseignement.

Les journalistes qui couvraient le bloc soviétique étaient tous supervisés par le KGB. Quand ils débarquaient à Moscou, le système les prenait en main et déroulait le tapis rouge devant eux. On les logeait dans les meilleurs hôtels. Aujourd'hui, ils sont un peu dépités de se retrouver dans l'hôtel le moins cher, de payer leur taxi et de voir que les Russes ne leur prêtent plus aucune attention. Comme ils n'ont plus rien à « vendre » à leurs rédactions, ils voient des mafieux partout, à l'instar des agents des services de renseignement, priés d'identifier le nouvel ennemi du moment.

Les maîtres espions, pour leur part, n'ont pu licencier du jour au lendemain les agents d'élite spécialisés dans la détection de la pénétration soviétique. Brusquement privés de leur objet d'études, ils ont néanmoins continué à donner leur opinion en appliquant leurs vieilles grilles de lecture. Notre seule présence sur le territoire français a ainsi été automatiquement considérée comme la preuve d'une tentative d'intrusion de l'abominable et tentaculaire « mafia russe », au fil de rapports destinés à justifier leurs salaires. Européens et Américains auraient le droit de venir s'enrichir en Russie, mais les Russes n'auraient pas le droit de travailler hors des frontières de leur pays ! Brusquement dépourvus d'adversaires eux aussi, les kremlinologues ont surfé allégrement sur cette nouvelle menace : « Ne croyez pas au changement de la Russie ! ont-ils proféré. L'adversaire est malin et se cache sous des apparences amicales. La mafia rôde ! » Il y a effectivement en Russie une criminalité organisée qui contrôle la prostitution, le jeu clandestin et divers trafics, mais pas davantage qu'ailleurs. La vraie menace pour l'Europe se niche plutôt dans cette guerre déclenchée dans les Balkans par les Occidentaux, non par les Russes, avec à la clef un développement sans précédent de la criminalité et des mafias dans cette région du monde ! L'argent russe est même aujourd'hui l'un des plus propres du monde ! En France, une personne qui affiche une grosse fortune à 30 ans a forcément fraudé d'une façon ou d'une autre, à moins de pouvoir prouver qu'elle a hérité. Le marché est tellement saturé qu'on ne peut plus s'enrichir aussi rapidement, alors qu'en Russie c'est encore possible. Privés du droit de propriété pendant trois générations, les Russes se sont rattrapés, et s'ils envahissent la Côte d'Azur, c'est simplement qu'ils en ont les moyens. Parler systématiquement de « mafia russe » à leur propos est tout simplement stupide.

Autrefois, celui qui était au-dessus du lot ne pouvait se distinguer que par son jean américain ; aujourd'hui, il peut s'acheter une Ferrari s'il en a envie. Parmi ceux qui avaient 15 ans en 1989, beaucoup ont su tirer profit de la reconstruction. Rien n'avait été bâti pendant soixante-dix ans, alors il y avait du chemin à faire !

Cigares et cognac

La religion majoritaire officielle de la Russie serait peut-être le judaïsme si la Principauté de Kiev, alors ville la plus importante de la zone, était allée au bout de ses intentions. C'était au VIIe siècle. Quatorze siècles plus tard, après avoir épaulé pendant plusieurs décennies les mouvements palestiniens, le Kremlin est le meilleur allié d'Israël, juste après les États-Unis. Moscou est aussi la troisième ville juive au monde, après New York et Los Angeles, avec près d'un million de Juifs. Et moi qui préside la communauté juive dans cette ville, je puis affirmer sans risque d'être démenti que les

Juifs y sont plutôt bien considérés – on les jalouse parfois, mais on les perçoit comme des gens éduqués, attachés aux valeurs familiales et qui savent bien vivre.

Avec sa lucidité coutumière, Vladimir Poutine sait parfaitement tout ce qu'il peut retirer de cette présence historique, et il attache une importance énorme à Israël et à ce qui s'y passe. Il mise sur ce relais naturel pour nouer des relations privilégiées avec ce pays autrefois considéré comme l'ennemi absolu, à l'époque où Moscou entretenait des liens « privilégiés » avec les pays arabes. Avec près d'un Israélien sur trois ayant des racines dans l'ex-empire soviétique, il aurait tort de s'en priver. Le leader russe espère également, à travers Israël, se rapprocher des milieux financiers et du monde des médias.

Comme nous n'en sommes pas à un paradoxe près, les communistes représentent aujourd'hui une force non négligeable en Russie, ce qui prouve que Mikhaïl Gorbatchev n'avait pas complètement tort lorsqu'il a ouvert l'ère du multipartisme au nom de la préservation de l'espèce. La jeunesse est globalement très libérale, convaincue que la Russie est d'abord un énorme marché. Mais assez bizarrement, la mode est à l'époque soviétique, considérée avec une certaine nostalgie.

Un soir, c'est une discothèque qui monte une soirée sur le thème : « Tous avec Angela Davis », en souvenir des grandes manifestations organisées par le pouvoir soviétique en soutien à la militante noire américaine emprisonnée que personne ne connaissait. Un autre jour, c'est le patron d'un grand magasin qui invite ses clients à un après-midi de « travail obligatoire pour l'amélioration du cadre de vie », selon le vocabulaire en usage dans le système soviétique. À l'entrée du parc qu'il a réservé pour l'occasion au centre de Moscou, chacun est prié d'enfiler des bottes en caoutchouc. Sauf qu'en fait de travail, c'est cigares et cognac pour tous.

Médias

Une mise en cause judiciaire telle que celle que j'ai vécue vous pousse dans les bras des médias, irrémédiablement. J'ai voulu m'expliquer, me justifier, dénoncer l'injustice qui me frappait. Au fil des interviews, notamment en Israël, je suis devenu une sorte de produit médiatique. Mes avocats étaient assaillis tous les jours par les journalistes. Le fait d'avoir un pied dans le football m'a exposé davantage encore, et ma retraite moscovite obligatoire n'a pas complètement calmé le jeu.

Un avocat a-t-il des ennuis avec la justice israélienne ? Pour peu qu'il ait été un jour mon défenseur, il se retrouve à la une des journaux. Un nouveau front judiciaire me concernant s'ouvre au palais de justice de Tel-Aviv ? Le procureur fait le point avec la presse deux fois par semaine. Je suis devenu celui sur lequel il faut enquêter si l'on veut se faire connaître, et j'ai probablement fait vendre quelques exemplaires.

Mes détracteurs m'ont tellement blâmé qu'ils ont fini par dépasser la masse critique. Aujourd'hui, je fais le dos rond face aux titres répétés de la presse, toujours très ambivalente à mon égard, les uns faisant de moi le « salaud » de l'année, tandis que les autres dénoncent un acharnement déshonorant pour la justice… N'étais-je pas prédisposé à faire parler ensemble des gens qui n'ont pas de langage commun, voire énormément de mal à se faire comprendre ? À débusquer les idées derrière des mots parfois destinés à faire barrage ? N'étais-je pas, de par ma formation de traducteur, un homme rompu aux négociations difficiles ? C'est ce que j'ai cru.

J'ai rêvé à haute voix de cette honorabilité que confère le fait d'être élu. J'ai imaginé que la paix était possible entre Juifs et Palestiniens. Résultat : sept années passées à me défendre contre des accusations sans preuves, en France puis en Israël… Pour un peu, j'en viendrais presque à me dire qu'il vaut encore mieux vivre uniquement pour soi et sa famille, mais ce n'est pas ma nature. Je souhaitais laisser des marques « positives »… et j'ai découvert qu'une notoriété médiatique ne se transformait pas si simplement en position politique.

Tout est une question d'image, d'apparence. Je me souviens de cet ami russe, milliardaire, qui marchait le long de cette petite route provençale, ses tongs aux pieds, deux euros en poche et son sac en plastique à la main. C'était l'un des hommes les plus riches d'Europe, mais au temps de l'Union soviétique, le sac en plastique était un signe exté- rieur de richesse, un objet de prestige, surtout s'il portait bien visible la marque d'un magasin euro- péen. Je vois pourtant assez mal un milliardaire français déambuler de la sorte le long du bitume, suant à grosses gouttes et se faisant klaxonner sous le soleil de l'été.

ÉPILOGUE

Autrefois, je disais souvent à mes enfants : « Faites attention lorsque vous nouez des relations avec les Russes. » Aujourd'hui, mon fils a beau jeu de me dire :

« Le Russe le plus sulfureux au monde, c'est toi ! » Entre-temps, une petite équipe composée de membres des services de renseignement français, DGSE et RG, est passée par là, relayée par un juge qui lui a fait une confiance aveugle. J'ai été condamné à dix ans d'une vie que je ne souhaite à personne, à des pertes financières irrémédiables, à la diffamation, et finalement à six ans de prison ferme en première instance.

Qu'ai-je commis de répréhensible ?

J'ai un gros défaut, je le reconnais : je ne prête pas assez d'importance aux formalités et à l'aspect administratif des choses. J'ai toujours été ainsi. Je ne suis pas un casuiste. Je marche à la confiance, à la poignée de main. N'y voyez pas de la naïveté : ce serait plutôt une confiance maladive, dangereuse et finalement irraisonnable accordée à mes semblables. En cas de litige, je suis toujours perdant. Aujourd'hui, je suis puni pour ce dommageable trait de caractère.

Le médecin peut vous prescrire des médicaments inadaptés, mais vous vous en rendez compte rapidement. Il est beaucoup plus difficile de savoir si un juge a manqué de professionnalisme ou non. Sa décision est lourde de conséquences, mais vous n'aurez jamais le fin mot de l'histoire, puisqu'il rend la justice en fonction de son intime conviction. Les juges occidentaux sont considérés comme impartiaux. Une condamnation judiciaire prononcée dans un pays occidental, c'est sérieux, plus, en tout cas, qu'une condamnation prononcée en Union soviétique, où même dans la Russie contemporaine. C'est pourquoi ces années de prison ferme infligées par un tribunal français me pèsent énormément. Implanté dans l'industrie lourde, je suis peu à peu dépossédé de mes biens par des concurrents qui profitent de la faille. Je ne suis plus en mesure de mener une vie normale. Je l'ai peut-être cherché en faisant en sorte de me conformer au portrait du parfait coupable. J'ai concentré tous les ingrédients à la fois : des services rendus à des agents secrets et d'autres à des politiques ; des liens avec de grands industriels comme avec plusieurs responsables des services de renseignement ; des contacts privilégiés avec des chefs d'État ; pour finir, je suis russe.

Quel que soit l'angle sous lequel on me regarde, j'avais vraiment le profil idéal…

Je sais bien que cela peut arriver à d'autres, mais si vous ne vous mettez pas en piste pour sauver des otages, vous aurez plus de chances d'échapper à ce tourbillon. Évitez aussi de gagner de l'argent, car cela déchaîne l'imagination.

* * *

On élit un homme politique en fonction de son apparence. Le public doit être impressionné massivement, dans la mesure où le politicien ne peut connaître personnellement chaque électeur. Il suffit qu'il ait une tenue adéquate, un discours adapté et de bons professionnels du lobbying autour de lui pour qu'on lui confie le pouvoir, simplement parce qu'en apparence il est habile.

La vie n'est en fait qu'une vaste compétition des apparences. C'est pour cela que l'on s'en est pris à mes médailles. C'était plus facile que de m'attaquer sur le terrain des réalités. Si j'avais été fonctionnaire des services russes ou français, mon intervention en faveur des otages français n'aurait pas posé de problème. Le boulanger doit faire du pain, l'espion libérer des otages. Toute autre réalité est incompatible avec les apparences. Face à un général qui a beaucoup écrit sur la Serbie, un

Juif russe, qui plus est « criminel », ne peut être crédible !

Parmi les milliers de personnes qui reçoivent des distinctions de la part de l'État, je suis le seul dont on ait mis en doute publiquement la légitimité... Les services secrets français n'auraient pourtant pas récupéré leurs officiers sans mon intervention, et seraient restés à quelques mots laconiques prononcés par un haut responsable du KGB : « Oui, nous allons faire ce qui est en notre pouvoir, bien sûr nous vous fournirons des informations dès que nous en aurons, comptez sur nous, merci et au revoir ! »

Ai-je rendu ces services parce que, étant considéré comme étranger, je voulais me mettre à l'abri de tout risque de ce rejet qui guette ceux qui viennent d'ailleurs ? Le fait est que nul ne peut nier ma participation à ces événements. Pas plus que l'on ne peut nier que je sois pour quelque chose dans la fin de la guerre civile en Angola. Ni que j'aie mis à l'abri les populations civiles israéliennes, me substituant à un gouvernement absent – je ne me serais jamais pardonné de ne pas avoir tenté de sauver des vies humaines.

* * *

C'était probablement mon destin de me retrouver peu ou prou mêlé à trois scrutins présidentiels en France.

Moi qui venais de l'autre côté du mur, j'ai reçu une médaille qui a permis d'anéantir les espoirs électoraux du souverainiste Charles Pasqua en 2002, laissant le champ entièrement libre à Jacques Chirac, l'héritier du gaullisme ; sans l'« Angolagate » – ce roman d'aventures dont j'ai fait les frais – la participation de Charles Pasqua aurait eu toutes les chances de laisser le candidat socialiste Lionel Jospin devant celui de l'extrême droite, Jean-Marie Le Pen, au premier tour. Avec une issue beaucoup plus incertaine au soir du deuxième tour.

Lors de l'élection de 2007, cinq ans plus tard, c'est l'affaire Clearstream qui pousse hors du champ le rival à droite de Nicolas Sarkozy, Dominique de Villepin, après la découverte de listings bancaires bidonnés dans lesquels ont été glissés les noms de tous les acteurs de l'« Angolagate » ; Nicolas Sarkozy profite du boulevard qui lui est laissé. Le cabinet noir dont on entrevoit la patte en coulisses est le même que celui qui souffla sur les braises de l'« Angolagate ».

Le troisième scrutin, c'est le prochain, celui de 2012, sur lequel pèsera forcément l'ombre de l'affaire Clearstream, au terme d'un nouveau procès médiatique devant la cour d'appel. Le combat des apparences n'est pas terminé ! Soit Nicolas Sarkozy doit démontrer que Dominique de Villepin est fautif et que sa plainte est justifiée. Soit Dominique de Villepin doit prouver que les accusations de Nicolas Sarkozy sont infondées et qu'il n'y a derrière sa plainte rien d'autre que la volonté de le démolir.

Il faut se mettre quelques instants dans la peau de ces leaders politiques pour comprendre. Il faut se glisser dans le cerveau du mathématicien d'origine libanaise Imad Lahoud et accepter qu'il n'est ni fou, ni malade, mais au contraire très intelligent et parfaitement logique… Assez pour attirer dans le piège les services de renseignement, qui se nourrissent à 90 % de rapports plus farfelus les uns que les autres.

En attendant, en me poussant à fuir, la France a perdu des années de présence en Afrique. Faute de savoir m'utiliser, elle risque également de passer à côté de son avenir énergétique, cette fois du côté de la Russie, mais là, mais là, on n'est plus dans les apparences, on est dans le très concret.

Les apparences, ce sont elles qui m'ont valu d'être convoqué par la DST, à Paris, vers l'âge de 25 ans. J'avais forcément un grade et une fonction. J'envoyais forcément des dépêches codées à Moscou. La presse israélienne n'a pas tardé à prendre le relais en me faisant passer pour un colonel du KGB. Quand mes propres associés parisiens ont souhaité m'éloigner, ils se sont servis de ce même costume imaginaire… Parce que les apparences s'y prêtaient, que je comptais effectivement un général du KGB parmi mes relations, et que j'étais associé avec un ancien patron des services secrets israéliens, on a facilement brodé sur cette trame.

On ne peut rien contre la force des apparences.

ANNEXES

CONFIDENTIEL DÉFENSE

Filière Marchiani

Au début du mois de septembre, le Préfet Jean-Charles Marchiani a contacté un homme d'affaires d'origine russe, Arkadi Gaydamak, pour évaluer la volonté et les capacités d'intervention des services russes au profit des deux pilotes. L'initiative se justifiait par des informations de presse faisant état du succès d'une opération du « KGB » ayant abouti à la libération de deux ressortissants russes en Yougoslavie.

Suite à cette sollicitation, Gaydamak a successivement rencontré à Moscou le vice-ministre des Finances Andreï Vavilov et deux responsables des services de sécurité (FSB), le chef du contre-espionnage Victor Zorine et le directeur de cabinet Alexandre Ossatchi. A ce stade de l'affaire, M. Marchiani a été invité à participer à diverses consultations en qualité de représentant « officiel » de l'Elysée.

L'accord des autorités russes ayant été obtenu, le chef du FSB Mikhaïl Barsoukov a désigné le colonel Vladimir Koulich, opérant sous couverture de journaliste, pour diriger l'opération. De son côté, le chef des services de renseignement extérieur (SVR) Evgueni Primakov (devenu depuis lors ministre des Affaires étrangères) a fourni le support logistique du poste d'espionnage russe de Belgrade dirigé par Valentin Odintsov.

Les investigations menées par Koulich ont permis de savoir que les deux pilotes étaient vivants (le colonel du FSB a pu les voir contre « rétribution » fournie par Gaydamak) et se trouvaient sous le contrôle du général Mladic. Ces informations ont été transmises à l'Elysée par M. Marchiani avec beaucoup d'hésitations dans la mesure où la DGSE avait annoncé la mort des pilotes.

Au cours du mois d'octobre, Jean-Charles Marchiani s'est rendu à Belgrade à la demande de Koulich en compagnie de Gaydamak. Celui-ci avait loué, à ses frais, un avion sanitaire. Après un séjour de trois semaines, les deux hommes sont revenus en France suite à l'échec de la libération dû, semble-t-il, aux exigences accrues en matière de garantie à l'égard du Tribunal International de La Haye.

Au mois de décembre, Koulich s'est à nouveau manifesté pour apprendre à Gaydamak que les pilotes allaient être remis aux autorités françaises (les Russes avaient-ils fourni les garanties demandées ?). C'est dans ces conditions que le Préfet Marchiani « a figuré sur la photo » le 12 décembre, jour de la libération.

Par la suite, Jean-Charles Marchiani a remis l'Ordre du Mérite à Arkadi Gaydamak.

CONFIDENTIEL DÉFENSE

DIRECTION GENERALE DE LA POLICE NATIONALE

Direction de la Surveillance

du Territoire

BORDEREAU D'ENVOI

à

Monsieur Philippe COURROYE
Premier Juge d'Instruction au Tribunal de
Grande Instance de Paris

PN/ST/N° - 1740 /CAB

PARIS, le 21 février 2002

DESIGNATION DES PIECES	NOMBRE	OBSERVATIONS
· Copie de l'avis 02/01 du 24 janvier 2002, de la Commission Consultative du Secret de la Défense Nationale.	1	· POUR ATTRIBUTION ·
· Deuxième page déclassifiée, de la note CD/PN/ST/N°10 du 09 janvier 1998, intitulée "filière Marchiani".	1	
		Le Préfet, Directeur de la Surveillance du Territoire.
Destinataire : · Monsieur Philippe COURROYE		Jean-Jacques PASCAL

PALAIS DE L'ÉLYSÉE
Monsieur le Président de la République
Monsieur Nicolas SARKOZY
55, rue du Faubourg Saint Honoré
75008 PARIS

Le 18 juillet 2007

Monsieur le Président de la République
Je vous écris en votre qualité de chef des Armées et me permets de vous rappeler les faits suivants :

Le 2 août 1997, quatre officiers de l'armée française appartenant au corps de la DGSE étaient faits prisonniers dans la région de MACHACHKALA (Caucase du Nord) par des groupes pro islamistes.
Il s'agit des officiers français dont les noms suivent :

– Henri CHEVALIER né en 1966,
– Laurent LE MÖLE né en 1969,
– Pascal PORCHERON né en 1955,
– Régis Xavier VALLON né en 1965.

Ces quatre officiers de l'armée française se trouvaient en mission sur le territoire de la Fédération de Russie dans le cadre de l'exercice de leurs fonctions d'officiers du renseignement.

En couverture de cette mission, ceux-ci ont utilisé la structure d'une organisation non gouvernementale dénommée ÉQUILIBRE.

De manière immédiate, les autorités françaises ont demandé officiellement à leurs homologues russes de retrouver, libérer et rapatrier leurs compatriotes.

Devant les problèmes délicats que soulevait cette demande, j'ai été, personnellement, sollicité pour organiser l'opération de sauvetage et de rapatriement de ces quatre officiers français.

À la demande expresse des fonctionnaires de la DST, et plus particulièrement de Messieurs BOUTAN et CAPITAIN, je me suis adressé directement aux responsables des services de sécurité russe, en l'occurrence le département ACTION du FSB et particulièrement, au Général Victor ZORIN – avec qui j'avais, en 1995, déjà organisé la libération et le rapatriement en France des deux pilotes français capturés en Yougoslavie.

Afin de remplir cette nouvelle mission, j'ai supporté la charge de tous les frais financiers afférents aux recherches et aux interventions adéquates.

J'ai rempli cette nouvelle mission avec succès, et après que les quatre officiers aient été retrouvés et libérés, j'ai personnellement rapporté à la DST, aux fins d'identification, leurs passeports que m'avait remis le Général Victor ZORIN.

C'est l'ancien Directeur adjoint de la DST, Monsieur Raymond NART, qui a ensuite négocié directement avec les autorités russes et ramené en France les personnes libérés le 18 novembre 1997.

Celui-ci, bien entendu, pourrait, si besoin est, confirmer ce qui précède.

Pour cette intervention, je pense avoir accompli mon devoir de citoyen en utilisant les relations dont je dispose auprès de la Fédération de Russie ainsi que mes capacités financières.

Je n'ai jusqu'à présent que rarement fait état de cette action, mais aujourd'hui que la France participe à un juste combat contre le Mal incarné par le fondamentalisme, il me paraît naturel que les actes de civisme des citoyens qui l'ont d'ores et déjà combattu, soient reconnus et encouragés.

S'il vous semble nécessaire que je rapporte les preuves formelles de ce que l'avance, je suis, bien entendu, à votre entière disposition pour les fournir.

En conséquence, je me permets de vous demander de voir considéré comme un geste de dévouement exceptionnel à l'égard de la France les actes que j'ai accomplis dans l'intérêt de ses ressortissants et c'est pourquoi, je vous prie de bien vouloir me présenter sur votre prochaine liste de l'Ordre National de la Légion d'Honneur.

Vous en remerciant à l'avance,

Veuillez être assuré, Monsieur le Président de la République, de l'expression de ma très déférente considération.

Arcadi GAYDAMAK
Chevalier de l'Ordre National du Mérite

ORDRE DU MÉRITE AGRICOLE

LE MINISTRE DE L'AGRICULTURE ET DE LA PÊCHE

par arrêté en date du 25 juillet 1997
a nommé Monsieur Arcadi GAÏDAMAK
Chevalier de l'Ordre du Mérite Agricole

Paris, le   1 AOUT 1997

Le Ministre de l'Agriculture
de la Pêche

Louis LE PENSEC

Le Secrétaire du Conseil de l'Ordre

Daniel CORDIER

Liberté · Égalité · Fraternité
RÉPUBLIQUE FRANÇAISE

DIRECTION NATIONALE
DES VÉRIFICATIONS DE
SITUATIONS FISCALES
34, rue Ampère
B.P. 56
75 825 PARIS CEDEX 17
☎ : 01.44.01.67.54.
📠 : 01.44.01.67.55.

Paris, le 20 juillet 2007

M. Arcadi GAYDAMAK
5 appartement 5 Néot Desche
91 999 JERUSALEM
ISRAEL

Objet : frais irrépétibles
Affaire suivie par : M. Laurent MAUGET

Monsieur,

Suite à décision de justice concernant votre dossier, l'Etat doit vous verser la somme de 1 000 €, au titre des frais irrépétibles

Afin de permettre le versement de cette somme, je vous remercie de bien vouloir me transmettre un relevé d'identité bancaire ou postal sur lequel figure votre nom

Je vous prie d'agréer, Monsieur, l'expression de ma considération distinguée.

Pour le chef des services fiscaux,
L'agente des impôts

Isabelle LETERRIER

MINISTÈRE DU BUDGET
DES COMPTES PUBLICS
ET DE LA FONCTION PUBLIQUE

DIRECTION NATIONALE
DES VERIFICATIONS DE
SITUATIONS FISCALES
34, rue Ampère
B.P. 56
75 825 PARIS CEDEX 17
☎ : 01.44.01.67.54.
🖷 : 01.44.01.67.55.

Paris, le 26 août 2009

M Arcadi GAYDAMAK
5 Appartement
5 Néot Desche
JERUSALEM
ISRAEL

Objet : frais irrépétibles

Monsieur,

Suite à une décision de justice (CAA Paris, 2 juillet 2009, N°07PA03223) concernant votre dossier, l'Etat doit vous verser la somme de 2.000 €, au titre des frais irrépétibles, en application de l'article L761-1 du code de justice administrative.

Afin de permettre le versement de cette somme, je vous remercie de bien vouloir me transmettre un relevé d'identité bancaire.

Je vous prie d'agréer, Monsieur, l'expression de ma considération distinguée.

Pour le chef des services fiscaux,
Le contrôleur des impôts

Arnaud DUVAUCHELLE

MINISTÈRE DU BUDGET
DES COMPTES PUBLICS
DE LA FONCTION PUBLIQUE
ET DE LA RÉFORME DE L'ÉTAT

Table

Chapitre 3

VISA POUR L'OCCIDENT

Chapitre 4

MARSEILLE-PARIS-CHAMPS-ÉLYSÉES

Chapitre 5

DES SOVIÉTIQUES À ANTIBES

Chapitre 6

UNE RÉVOLUTION SANS EFFUSION DE SANG

Chapitre 7

LE BARMAN DE L'AVENUE VICTOR-HUGO

Chapitre 8

DEUX OU TROIS CHOSES QUE JE SAIS
DES AFFAIRES ET DES ESPIONS…

Chapitre 9

ANGOLA

Chapitre 10

L'AFFAIRE

Chapitre 11

ISRAËL, LE RETOUR

Chapitre 12

MOSCOU, VINGT ANS APRÈS LE CHANGEMENT

Photocomposition Nord Compo
Villeneuve-d'Ascq

Cet ouvrage a été achevé d'imprimer sur Roto-Page
par l'Imprimerie Floch à Mayenne en septembre 2010.
Dépôt légal : octobre 2010. N° d'impression : 77774.
36-57-0694-4/01
Imprimé en France